「時間がない」から、なんでもできる!

吉田穂波

サンマーク
文庫

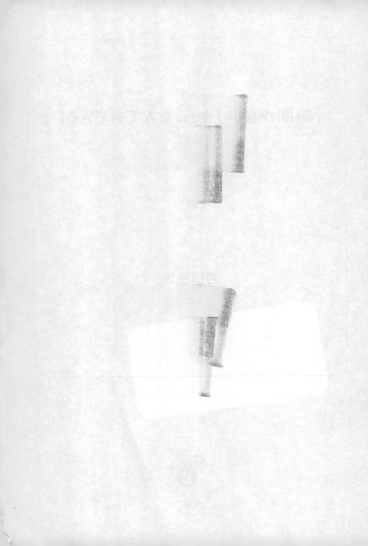

プロローグ

✳生後一カ月、一歳、三歳の娘を連れてハーバード留学

二〇〇八年八月のアメリカ・ボストン。

午後二時。夫と三人の娘、私の両親と一緒に、私はボストンの空港に降り立ちました。照りつける太陽は眩《まぶ》しい。でも風はサラッとしていて心地よく、空はどこまでも青く、そして高い。

異国の空気をスーッとおなかの奥まで吸い込んで、あぁ、とうとう来たな、と思わずニッコリ。

いよいよ、長いこと夢見ていた海外留学生活が始まる!

日本では産婦人科医としての仕事、三人の娘の子育て、家事、そして留学準備と何足ものわらじを履いていたけれど、今日からは留学生。昼間はハーバードの大学

院生として、のびのびと過ごそう。講義に集中して仲間と共に切磋琢磨《せっさたくま》しよう。そして夕方以降は、三人の娘たちの母として、子どもとたっぷり時間を過ごそう。きっとバラ色であるに違いないこれからの生活に思いをはせ、私の心は浮き立っていました。

そんな私とは対照的に、三歳の長女と一歳の次女は、時差ボケと長旅の疲れで眠そうな顔をしています。生後一カ月の三女だけは、時差ボケなど関係ないといった顔で、私の母に抱かれてスヤスヤと眠っています。

夫と私、そして両親の両手には、スーツケースやボストンバッグ、段ボール箱などが合計一〇個。空港の荷物が運ばれてくるターンテーブルから、タクシー乗り場までの荷物の移動だけでもひと苦労でした。

カートにそれらを載せて、ついでに疲れた長女と次女をひょいと座らせればラクに運べる。

でも、見るとカートの使用に二ドルかかるとのこと……これから始まる留学生活では、夫も私も無給。「ここは節約しなきゃ」と自分たちで運ぶことになりました。

でもそんなことはへっちゃらです。それまでの苦労と、これから始まるバラ色の留学生活を思えば、とるに足らないことでした。

✻ 一日は二五時間に変えられる!?

さて、三人の娘を連れてハーバード公衆衛生大学院に留学したというと（正確には夫と一緒に。夫は、私の留学が決まると、職場に休職願いを出し、同じボストンで留学できる先を探してくれました。また私の両親は、最初の一カ月だけ助っ人として滞在してくれました）、みなさんの第一声はほとんどが「留学はどうやって準備したのですか？」です。

その秘訣《ひけつ》はひと言でいうなら、困難な状況をすべて逆手にとったことでした。

たとえば留学準備を始めた当時の私は、午前九時から午後五時まで女性総合外来で産婦人科医として働き、仕事が終わるとダッシュで保育園へ子どもを迎えに行き、育児と家事に追われてあっという間に一日が終わる、という毎日を過ごしていました。

あぁ、時間がない。とにかく時間が足りない。自由な時間もない。

そういうときに限って、あれやこれやと、やりたいことが頭に浮かんできます。

あれもやりたい、これもやりたい……。

そしてあるとき、ふと思ったのです。

あれ？　かつてこんなにも強烈に何かをやりたいと思ったときってあったっけ？

「できない」ときほど、やりたくなるんだ！

そして「このやる気を放っておくのはもったいない！」、このエネルギーを最大限に生かそう。**「時間がない」というのは、何かを始めるチャンスかも！**——と。

とはいえ、一日は二四時間しかありません。仕事と育児、家事、留学準備をし、さらに健康維持のための睡眠を確保するとなると、とても二四時間では足りません。

でも、一日二四時間という時間の長さは変えられないけれど、質は変えられる！

たとえば一分という長さは、誰にでも平等に与えられています。その長さは自分では変えられない。しかし質は変えられる。

一分をどう過ごすか、一分の精度をどう高めるか、その一分をどう価値のあるものにするか。つまり一分にどれほどのものを詰められるか。

「**時間密度**」とでもいうべきそれらを高めること、密度をギュッと濃くすることによって、人はきっと一日二五時間分も二六時間分も生きられるのでは、と考えるようになりました。

✿仕事も育児もしながら受験勉強

いずれ留学したいと前々から考えていましたが、「来年、留学しよう！」と決めたのはなかば勢いでした。時間がないなかで、勉強時間をどう確保するかなど具体的な留学準備プランをあらかじめ立てることなく、まずは留学を決めてしまったのです。

決めたものの、当然仕事もやらなければなりません。家事も育児も、です。そのうえで勉強もしなくてはならない。

あぁ、もうやらなければいけないことだらけ。

それなら、あれもこれもいっぺんにやるしかない!!

実際にいっぺんにやってみたら、案外うまくいきました。同時にやるしかないと思ったら、そのために時間のやりくりを工夫するようになり、複数のことを同時並行で進めることでかえって相乗効果が生まれました。

たとえば、留学準備のための勉強は主に早朝にやっていましたが、朝六時になると子どもたちが起きてきます。子どもが起きるまでに、なんとかこの問題集のこのページを終わらせようと思うとグッと集中力が高まりました。

朝一番で、自分の時間を自分のためだけに使い、気持ちが満たされていると、子どもに対して心が広くなる気がしました。以前ならイラッとしてしまった子育ての場面でも、やりたいことに向かって進んでいると、どこか心穏やかでいられました。

このように、困難な状況を受け入れ、それを利用することで私の留学準備は進んでいきました。

✻デコボコ道を、這いつくばって進む

さて、困難を逆手にとって、いろんなことを同時並行で進めた——というと、スーパーウーマンを思い描く方もいるかもしれませんが、残念ながら、そのご期待には沿えそうにありません。実際の私はスーパーウーマンとはかけ離れたキャラクターだからです。

連載記事などを見てくださった方と実際にお会いすると、「もっと背が高く、ガツガツいくタイプかと思っていました」とか「想像していたより、ずっとやわらかい雰囲気なのですね」などといわれます。

実は、ユルいのは見た目だけではありません。

いつも気持ちのどこかに、**仕事も勉強も、育児も家事も、そんなに毎日シャカリキにならなくてもいいんじゃない？** 完璧じゃなくてもいいんじゃない？ という思いがあります。

たとえば私は、いつもだいたい午前三時に起きて、子どもたちが起きてくるまでの三時間を自分の時間として使っていますが、何がなんでもそれを守らなければ！と思っているわけではありません。からだが疲れているときや、気分がなんとなくのらないときなどは、無理せず六時まで寝ることもあります（子どもたちと一緒に夜九時頃に寝てしまうので、こういう日は九時間近く寝ることになるのですが）。

さらに、うっかり寝坊してしまうこともしばしば。

でもそれでからだが回復し、今日もまたニッコリ笑えるようになるのなら、それはそれで密度の濃い時間の使い方だよね、と思っているのです。

だから、この本はスーパーウーマンの成功体験談、では決してありません。私が試行錯誤をしながら、多くの人たちの理解と多大な協力をいただきながら、なんとか這《は》いつくばってここまで来た、デコボコ道そのものです。

そんなデコボコ道ですから、「これが正しい！」なんてことは口が裂けてもいえません。いえるのは「こんなやり方・考え方もありますよ」ということだけ。それでも、読者のみなさまが、このどこかに共感してくださったり、ひとつでもご自身にとってのヒントを見つけてくださったり、あるいは「穂波さんができたなら、私にもできるかも！」と思ってくださったりすることを願って、一生懸命書きました。

さて、ボストンの空港に降り立ったときに、「バラ色の生活になる」と期待していた留学生活の現実は、決してバラ色一色ではありませんでした。それどころか、想像すらしなかった、すったもんだの連続。

それでも「留学を実現しよう！」と決めた日から、ハーバード大学院に合格するまでの日々、そして留学終了までの約三年間は、私の人生の大きな転機となりました。

日々の仕事や育児、家事に追われ、時間がないなかで、いかにして自分のやりたいことをやるか、そしてやり続けるか。

私にとってそれは、少し大げさにいえば、人生の扉を開ける鍵。

私たちはいつだって、人生の次の扉を開ける術《すべ》をもっています。

そう信じて、私が体験を通して学んだ人生のヒントを余すところなくお伝えできたら、と考えています。

「時間がない」から、なんでもできる！——時間密度を上げる33の考え方　目次

第3章 時間を味方につけて、集中する

構成……………山田由佳
編集協力……株式会社ぷれす
編集……………橋口英恵（サンマーク出版）
新井一哉（サンマーク出版）

第1章

すべては同時並行で、なんでもできる！

01 時間がないから「やりたい！」が湧く

✻忙しいときに限って机を片づけたくなる理由

「勤務先では、一日中、めいっぱい仕事、仕事、仕事。家に帰ってもバタンキューで寝るだけ。朝起きてまた仕事に向かって、夜遅くまで仕事」

「慌ただしい仕事を終えたら、保育園のお迎えをして今度は家事と育児。まったく自分の時間もない」

「仕事に家事に、一日中てんてこ舞い。自分がしたいことをするどころか、毎日を回していくのでせいいっぱい」

こんなふうに愚痴ってしまいたくなるときがありませんか？

その気持ち、すごくよくわかります。私もそうでした。

でも、今ならこういえます。

「毎日忙しくて消耗しますよね。でも時間がないということは、実はすごいチャンスなのですよ。やりたいことを始める最大のチャンスです！」と。

時間が自由にならなくて、何かに追われているときに限って「やりたい！」という強烈な思いが湧き上がってきた経験はないでしょうか？

「本当はこうしたいのに！」「そういえば、これもやろうと思っていたんだった」「あれもしたい」……まるで、身動きのとれない現状から抜け出そうとするかのように、他の何かに熱中したくなる経験。

しなければならないことが目の前にあるときに限って、整理整頓をしてみたくなったりするのも、時間に追われ、切羽詰まった自分が「きれいで居心地のいい場所に」という無意識の本能をふと思い出し、そのエネルギーが湧いたということ。

たとえば私の場合なら、子どもができて自分の時間が制限されるようになったとたん、それまではあまりありがたみがわからなかった勉強会などに無性に出たくなりました。

忙しくなればなるほど「あの本が読みたい」「生で落語や演劇を観《み》たい」「英語を勉強したい」「旅行に行きたい」など、やりたいことが増えていきました。

そう、自由な時間がないとき、忙しいときというのは、実は「やる気」のエネルギーが満ちあふれるときでもあるのです。

このエネルギーが噴出しているときは、**やりたいことを始める最大のチャンス。**ときとしてそのエネルギーは、自分の人生を切り開く力さえもっている。

私はそう思っています。

✽毎日フル稼働、でも評価は低いまま

といっても、私がこう考えられるようになったのはつい最近のこと。

晴れ晴れとした気持ちで家族とボストンの空港に降り立った日から、遡《さかのぼ》ること約一年半。私は仕事と家事と育児に追われ、毎日を憤慨した気分で過ごしていました。

冒頭の「勤務先では、めいっぱい仕事、仕事、仕事。家に帰っても家事と育児という名の仕事、仕事、仕事……」そう嘆いていたのは、何を隠そう、かつての私自

身だったのです。

当時、私は東京・銀座の女性総合外来で、産婦人科医として働いていました。長女は二歳、次女は生後二カ月でした。

勤務時間は午前九時から午後五時まで。当時の自宅は栃木県宇都宮市にあったため、通勤には往復で約三時間かかりました。夕方五時になると病院を飛び出し、帰路を急ぎます。

保育園に子どもたちを迎えに行き、家に着くのは午後七時近く。そこからは子どもの相手をしつつ、夕食を作り、食べさせ、下の子に授乳をし、お風呂に入れ、洗濯をし、明日の保育園の準備をする……。毎日怒濤《どとう》のように時間が過ぎていきました。

当時の私は産婦人科医といっても、経験も知識も豊富なベテランドクターと違い、卒業後八年目で発展途上の半人前ドクターでした。

ベテランドクターに近づくために、もっともっと最新の情報や知識を吸収して、治療に生かしたい、患者さんにとって最善の結果となるような治療を、自信をもって行いたい。そう意気込むものの、ほとんどは夕方以降に開かれるセミナーや講習会、勉強会に出席する時間がとれません。

治療の科学的根拠をつくるための統計・疫学といった研究スキルも身につけたい。そのためには留学という方法もある。そういえば、いずれは留学したいと前々から思っていたよね。あぁ、でも、毎日疲れきって教科書を開くことすらままならないじゃないの。

子どもを寝かしつけながらこんなことを思いつつ、疲れと睡魔に負けていつの間にか夢のなか……、という毎日でした。

また、自分では「二四時間フル稼働」という感覚でしたが、勤務先では夕方以降の診察ができず、会議などにも出られないため、仕事の評価は下がっていきました。

さらに追い打ちをかけたのが、長女の入院です。長女は一歳の誕生日を過ぎた頃、肺炎をきっかけに小児喘息《ぜんそく》にかかってしまったのです。喘息は、気管支が炎症を起こして腫れる病気です。重症発作を引き起こすと、あっという間に全身状態が悪くなり入院が必要になります。

発作の程度は子どもによって違うので通院で乗り切れる場合もありますが、長女の場合は一〇日前後の入院をするのが常でした。

入院すると、ほぼ二四時間、ベッドの横に家族の誰かがつくことになり、そのほとんどは母親の私の役目でした。

小児喘息は、一度症状が改善しても繰り返しやすい、という特徴があります。退院し、しばらく家で様子を見て、ようやく保育園に登園、私も安心して仕事に行けると思ったのもつかの間、再び発作を起こして入院ということを何度か繰り返しました。

フラストレーションがたまります。

新しい情報や知識の吸収どころか、ましてや留学どころか、満足に仕事にさえ行けない。暗澹《あんたん》たる私の気持ちとは対照的に、症状が落ち着いてきた長女がベッドの上で無邪気に笑っています。元気になって本当によかったと安堵《あんど》しつつ、今日はたしか担当の患者さんの予約が入っていたはず、誰が私の代わりに診てくれたのだろう、こうたびたび休むようでは上司や患者さんに申し訳ないと落ち込みました。

こんなに毎日一生懸命がんばっているのに何もうまくいかない。誰も認めてくれない。気づけば夫や友人に愚痴ってばかりいる自分がいて、しばらくこの状態が続きました。

しかし、ある日ふと疑問に感じたのです。

「私は自分のことを悲劇のヒロインのように思っているけれど、このままで本当にいいの?」と。

そしてこの苦しい状況からなんとか抜け出したい、現状を変えたい、変える方法はないだろうか、そう本気で考えました。

そんなとき、書籍のなかに見つけた言葉が、私の胸に突き刺さりました。

「困難だから、やろうとしないのではない。やろうとしないから、困難なのだ」

(『三週間続ければ一生が変わる』ロビン・シャーマ著・北澤和彦訳・海竜社)

そうか。私は、勉強したい、向上したいと思いながら、それができないことを環境や子どもの体調のせいにしている。そしてそんな自分を、忙しいから仕方ない、と心のどこかで許している。このままではいけない。

それがすとんと自分の腹のなかに落ちたとき、カチッ!と音を立てて、私のなかのスイッチが切り替わったのです。

留学を実現させよう!

✲鬱々とした思いを着火剤にする

産婦人科医としての仕事をしながら受験勉強をして、三人の子どもを連れてアメリカへ留学したというと、「どうやって？」と聞かれることが多いのですが、すべての出発点はここにあります。

時間がなかったからこそ、できた――。

今思うと、産婦人科医としての仕事があり、子育ても家事もやらなければいけないという、時間の制約が常にあり、抱えている「大荷物」がたくさんあって、身動きのとれない状況だったからこそ、強く「やりたい！」という気持ちが湧いてきたのでしょう。簡単にはできない状況だったからこそ、ますます「やりたい」「こうなりたい」という思いは強く大きくなったのです。

さらに仕事も子育ても思うように進まず、飢餓感や焦燥感にかられていたからこそ、かえってそれが燃料となり「なんとしてでも成長しよう、この現状を変えよう」という気持ちになったのです。

もし一日二四時間すべてが自分の時間となり、「自由に使っていいよ」といわれていたら、短期間であそこまで大量の勉強はできなかったかもしれません。子どもたちが成長し、朝からひとりでゆっくりコーヒーを飲めるような状態だったら、あそこまで燃えなかったでしょう。

毎日仕事にてんてこ舞い、育児や家事でまったく時間がない……、そんな「目が回るほど時間がなく忙しい」というとき、実はそれこそが、ステージアップのチャンスです。

「やりたい！」というエネルギーがもっとも湧き、そして「うまくいかない」というがんじがらめの状況への鬱々とした思いが着火剤となって、そのエネルギーに火を注いでくれる、絶好の機会です。

だから、仮に仕事や家事、育児で手一杯で自分の時間がまったくとれないとしても、落ち込む必要はないと思うのです。それはむしろ「チャンス」です。

時間がない、うまくいかないという「障壁」は、自分を次のステージへと導く扉そのもの。壁と思っていたものが、実は取っ手のついた「ドア」なのですから。

02

すべては同時並行でいこう

✻「ひとつずつ順番に」やるには、人生は短すぎる！

留学を決意したときには娘がふたりでしたが、ハーバード公衆衛生大学院に合格し、入学のために渡米したときには、生後一カ月の三女が増えていました。

三歳、一歳、○歳の三人の幼子を連れて留学したと話すとたいてい驚かれますが、その相手の表情には「そもそもどうしてこの時期に三人目の妊娠・出産を？」という疑問符が見えます。先回りして「この時期に妊娠・出産したのは、むしろ私が願っていたことで、運よく三女を授かって大喜びだったのですよ」と私。すると相手はますますびっくりします。

小さな子どもがいて留学もしたいというとき、次の子どもは留学を終えてから、あるいはまずは子どもを産んで、子育てがある程度落ち着いてから留学、と考える人が多いようですが、私は違いました。**いくつもやりたいことがあったら、全部いっぺんに、同時にやる**、というのが私のやり方です。

もともと子どもは三人くらいは欲しいと思っていました。しかし、子育てで仕事のブランクを長くしないようあまり年齢の差を開けないで、できれば二歳差くらいの間隔で授かれば理想、と考えていました。「三人目が欲しい」タイミングと「留学をしたい」という時期がたまたま重なって、どちらかを優先させることはせず、両方とも実現させたにすぎないのです。

なぜって、自分の人生は一度きり。そして、子どもを産める年齢にはリミットがあることを私は産婦人科医として痛いほど知っていました。

私の場合、「仕事も続けたい」「留学もしたい」「子だくさんの母でありたい」という大きな三つの柱がありました。そしてそれらは別々ではなく、自分の人生を織りなす縦糸と横糸のように、互いを補い合うものでした。

たとえば、仕事で患者さんと向き合うと、この患者さんにベストな治療方法はAとBのどちらか、と迷うときがありました。「経験から判断するとAのほうが適切に感じる。でも患者さんに納得してもらうには、ここにその科学的根拠を示す統計データが必要」と思うのですが、女性医療の分野には日本人について詳しく調べた研究が乏しく、それが「やっぱり統計のスキルを身につけたい。そのための留学を絶対に実現させよう！」という受験勉強のモチベーションアップにつながりました。

また、子どもがいると食事に気を使いますので、自分自身も体調を崩さず、仕事にも勉強にも取り組むことができました。

冷蔵庫や洗面所などあちらこちらに英単語を書いた紙をペタペタと貼っていましたが、親が熱心に勉強している姿を子どもに見せることは「勉強しなさい」のひと言より何倍もの効果があると感じていました。

もちろん現実は、予定外の仕事が多く入り、ヘトヘトになって帰った日に限って子どもがぐずったり、抱っこをせがまれて一層疲れる、というときもあります。

しかしそれでも、**同時並行で進めたほうがプラス面が大きい**、と思うのです。

そもそも「あれ」をやってから「これ」をやろうというふうに、ひとつひとつを順番にやっていくと、いつまでたっても実現しません。

やりたいことがいくつもあったら同時に進める。これが、やりたいことを実現するコツのひとつだと思っています。

✲寝坊常習犯の元落ちこぼれドクター

やりたいことを同時並行でやる。

そういうと、多くの人は、なんでもそつなく、手際よく、要領よくこなすスーパーウーマンを想像するかもしれません。でも、プロローグでも書いたように、残念ながら私はそのイメージとはかけ離れた、いわば正反対のタイプです。

もともと、私は「バリバリできる人」とはほど遠い人間です。

研修医時代を私は聖路加国際病院で過ごしましたが、そこで私はかなりの落ちこぼれレジデント（研修医）でした。

まず、睡眠不足に弱いのです。当直の呼び出しに起きられず、ナースさんたちにも「今日は穂波ちゃんだからね」「あっ、そうか」と当直室まで呼びに来てもらうありさま。どんなに患者さんのことが心配でも、寝ずの番をしているＩＣＵ（集中治療室）のナースカウンターで、ついコックリコックリ……。怖い看護師長さんも不憫《ふびん》に思ったのか、たびたびコーヒーを出してくださいました。

また、わからないことがあると、教科書を開いて自分で調べたり考えたりする前に、すぐ上級医師に聞いてしまいます。「なんのために頭がついてるんだ、使え」と、そのたびに先輩研修医からいわれていました。

医師になりたての頃、点滴の血管確保が上手にできず、「他の先生に代えてください」と患者さんにいわれたときには、自分のふがいなさに涙がポタポタと止まりませんでした。苦手だった血管確保のスキルを上達させるべく、現在のように練習キットがなかった当時、先輩医師が「僕の腕を練習台に使っていいよ」と手を差し出し、練習させてくれました。

また、夜になると救急外来に張りついて「とにかく点滴をするときは、血だらけの方でもどんな方でも、私にやらせてください！」と志願し、数カ月の間、血管確保の技術を徹底的に訓練しました。

この訓練の甲斐《かい》あって、その後は点滴の血管確保が誰よりも得意になり、ドイツに留学した際には「点滴の注射なら Frau Yoshida（ドイツ語で「吉田先生」の意）にお願い」といわれたほど。以前はもっとも苦手としていたことが、自分の得意分野になることもあるなんて。徹底的にやれば、欠点も武器に変えられるのだなぁと、実感した経験でした。

私の人生のなかであんなに無我夢中になった日々はなかったでしょう。つらいこともありましたが、そこを乗り越えたら自信に変わる、ということを学びました。社会人としての原点となる、珠玉の時期だったと思います。

過酷な研修医時代をサバイブできたのは、一〇〇パーセント周囲のおかげ。身についたスキルも経験も、すべて他人からのいただきもの。自分だけで抱え込むものはひとつもない。当時も今もそんな思いがあります。

振り返ると、その後の私の道のりはいつも同じパターンです。

留学準備中も、留学中も、そして現在も、周囲の多大な協力と手助けがあったからこそ進んでこられました。

「なんでも同時並行でやりましょう！」というと、たったひとりで、たくましく道を切り開いてきたかのように聞こえるかもしれませんが、実際は多くの人を頼り、力を借りてきたのです。

同時並行、それはもしかすると不器用で要領の悪い私だからこその方法だったのかもしれません。

03

「or」ではなく「and」で考える

✻受験勉強と臨床医師と三人目の妊娠という三つの同時並行

「子育てしながらハーバード留学なんてよくできましたね。大変だったでしょう?」とよく聞かれます。

そんなとき、私は決まってこういいます。

「子育てと留学がセットになっていたからこそできたのですよ!」と。

先に、「三人目が欲しいタイミング」と「留学をしたい」という時期がたまたま重なったと書きましたが、三女の妊娠・出産と留学のタイミングが一緒になったのは、実は「狙い」でもありました。

留学を実現させようという決意は固まりましたが、仮に留学の切符を手に入れたとして、そのときに職場の上司に「留学してきます」とうまくいえるかどうか、そして上司がそれをすんなり受け入れてくれるかどうかを考えると、両方ともうまくいく自信がありませんでした。

いずれ留学したいという胸の内をさりげなく上司に伝えたこともあったのですが、当時の上司は、海外留学より日本でもっと経験を積むべきという考えでした。

また、産婦人科医不足が叫ばれるなかで、同僚の医師たちは毎日ギリギリのところまで働いています。それを承知で「留学してきます」というのは、あまりに自分勝手な行動のように思えました。しかし留学したいという決意は変わらない……。

そこで私が考えたのが、産休・育休を利用することでした。妊産婦は、産前産後に原則として最大で計一四週間の休暇をとる権利が法律で認められています。また原則として生後一年までは育児休暇をとることも認められています。この産前産後休暇と育児休暇中に留学できればもっともスムーズに事が進むのでは、と考えたのです。

そしてありがたいことに、運よく三女を授かりました。

受験の準備は職場には内緒で進めていましたが、ハーバードから合格通知書が届いた翌日、それを手に、上司に産休・育休取得のお願いと同時に留学したい旨を報告しました。**すると上司は、「吉田先生には負けました」とニコリ。**温かく留学を認めてくれたのです。

当初は育児休暇中に卒業に必要な単位を取得して、帰ってきたら復職させてもらいたいと考えていましたが、いつ戻ってくるかわからないのにポジションだけ残してくれというのも無責任な話です。それで、結局は円満退職となりました。

このように、私が留学を実現できたのは、準備も含めて留学と妊娠・出産・子育てをセットにして同時に進めたから。複数のやりたいことをあえて同時にやることで、両方とも実現できたのです。

✻同時にやるから、全部できる

人生にはさまざまな、選択を迫られる場面があります。

女性は、結婚か仕事か、キャリアか子育てかなどで悩む場合が多いと思いますし、男性も、仕事をしつつ大学や大学院に戻ってもう一度勉強したい、などと考える人もいるでしょう。

男女問わず、現実の仕事に向き合うか、それとも子どもの頃からの夢を追いかけるかで悩む人もいると思います。実際、私も講演先の大学で学生の方に「キャリアプランと人生プランはどのように考えるべきか」といった質問を受けることがあります。

「AかBか」「CかDか」どちらをとるかで悩んでいる人がいたとき、私が迷わずいうのは**『ｏｒ』ではなく『ａｎｄ』でいける道はないかを考えましょうよ！**ということ。どちらか一方だけを先に実現させる方法を考えるのではなく、どちらも同時に実現させる方法を考えるのです。

複数のやりたいことを同時に実現させるのは一見大変そうに思えるかもしれませんが、案外、ひとつひとつ単独で実行するよりも、一緒にやるからこそできることも少なくありません。

留学準備も、勤務先を辞めて、あるいは休んでから始めるというのではなく、あくまでも日中の仕事と同時並行で。臨床の現場にいつつ、留学準備をすることで、患者さんの治療にあたりながら、自分がどうして留学したいのか、という目的意識を見失うことなく、高いモチベーションを保つことができました。

人によっては、子育て中は育児休暇をとって、子育てに専念して、という場合もあると思います。もちろんそれもとても素敵ですが、私は「夕方六時半までには必ず保育園に子どもを迎えに行かなければならない」という制約があるからこそ、仕事への集中力が増しました。

そして、子育てのイライラは仕事に打ち込むことで解消し、仕事でのストレスは、子どもの顔を見て吹き飛ぶ、という具合に、私は子育てと仕事を行き来していることで、助けられてきたのです。

同時にやるからこそ両方できることというのは、意外と少なくないのです。

趣味のスポーツや習い事に精を出しながら自分を鍛え、充実した毎日を過ごしているビジネスパーソンも少なくありません。

また、ある程度キャリアを築いてから妊娠・出産をと考える女性は少なくありませんが、産婦人科医として多くの患者さんの治療にあたるなかで、仕事に没頭しているうちに妊娠適齢期を過ぎてしまい妊娠しづらくなった、というケースをこれまでたくさん見てきました。この場合も、キャリアと妊娠・出産を同時に手に入れる方法を考えたほうが、両方を得られる確率は高まるように思います。

もし「or」で悩むときがあったら、「and」はできないかと考えてみる。どちらか一方ではなく、両方とも手に入れる方法はないかと考えてみる。

さらには、何かふたつのことの両立をがんばっているときに、あえてさらに「やりたいこと」に取り組んでみる。

仕事と家庭、このふたつのタスクに押しつぶされそうになっているときこそ、資格検定や語学、スポーツの楽しさや充実感に救われることがあります。

「やらなくてはならないこと」があるからこそ、「やりたいこと」で自分を解放する。

「やりたいこと」に打ち込んでいるからこそ、「やらなくてはいけないこと」の大変さがちっぽけなものに思える。それぞれが、互いを刺激し合い、モチベーションがふくらんでいく。

そのためにはいろんな世界をもっているほうが、そこに広がりが生まれ、自分がラクになるきっかけが増えると思うのです。

04

「混沌・ぐちゃぐちゃ」が、あたりまえ！

✲「ワークライフバランス」は考えない

複数のやりたいことを同時並行でうまく進めるコツは、**混沌《こんとん》を覚悟すること**。

たとえば、仕事とプライベートの両方を充実させることは「同時並行」の代表だと思いますが、このとき、仕事とプライベートははっきり分けて考える人が多いのではないでしょうか。たしかに昼間の時間帯は仕事、夕方以降はプライベートというように、時間も空間もスッキリ分けられれば気持ちはラクかもしれません。

しかしここにこだわっていると、同時並行はうまくいきません。

ワークライフバランスという言葉があります。実は私はこの言葉に少し違和感をおぼえます。ワークライフバランスというと、ワークとライフをきっちり分けて、そのふたつを天秤《てんびん》にかけ、ちょうどよいバランスのところでキープしなさい、と強制されているような気がするからです。

そもそもワークとライフは、そんなにハッキリ分けられるものでしょうか。

私の場合なら、洗濯物を干しながら仕事のメールの文面を考えていたり、職場で昼休み中に子どもの保育園に出す書類を記入していたり、仕事の合間に「そういえば、生協の注文書をチェックするのを忘れていた！」などと思い出したりしている。家に帰って笑いながら子どもと遊びつつも、心のなかでは昼間上司にいわれたひと言がひっかかり、解決策に頭をひねっている……。

「仕事は何時から何時まで」「子育ては何時から何時まで」などハッキリとは分けられない。仕事に没頭する時間もあるけれど、その合間にプライベートな用事を済ませるときもある。プライベートの時間のはずなのに、仕事のことを考えている時間がある。それはまるでマーブル模様のような混沌です。

しかし、混沌としているからこそ両方が進む。ハッキリ分かれていないからこそ、両方ともできると思うのです。

たとえば先日、講演で私のことを知った大学生のAさんが「研究のことで相談にのってほしい」とメールをくれました。仕事関係に限らず頼りにされることが大好きな私は「喜んで相談にのらせてもらいます！」と返事を書きました。ところが平日は、双方共に時間が合うときがありません。私の都合のよい時間帯にはAさんは講義があり、Aさんの都合がよい夕方の時間帯は保育園のお迎えの時間とぶつかります。

そこで私が提案したのは、「ある日曜日、場所は近所の大学で」でした。その日はその大学で学園祭が開かれる予定になっており、そこでなら子どもを遊ばせつつ、Aさんと話もできると考えたのです。お祭りでなら初対面のAさんもリラックスできるだろうし子どもたちも遊んでいられます。

実際、子どもを目の届く範囲で遊ばせながら、Aさんの相談にのることができました。予想どおり、子どもの「のどが渇いた～！」「トイレ～！」などの中断はあったものの、目的は達成されたのです。

また、取材の仕事が入っているときに、子どもが熱を出してしまう場合があります。そんなときは取材場所を自宅に変えてもらい、インタビューを受けている合間に子どものイチゴミルクを作って……と、仕事と子どもの看病を同時にやらせてもらうこともあります。

「子どもの面倒を見ること」と「Aさんの相談にのること」も、「取材を受けること」と「子どもの看病」も、できれば別々にこなしたほうがラクにできるし、それぞれに気持ちも集中できるでしょう。しかし、別々にこなすタイミングを狙っていたのでは、なかなかその機会は訪れません。同時にやるからこそ、全部できる。これが「ａｎｄ」の発想なのです。

✽「ごちゃごちゃした感じ」を楽しめれば、先へ進める

これは英語の勉強などでも同じです。英会話スクールに通う時間ができたら始めよう、と思っていてもその時間はなかなかとれない。でも、通勤中やジョギング中などちょっと耳が空いている時間にｉＰｏｄのイヤホンを耳に入れることはできる。

隙間時間を利用した英語の勉強は、生活や仕事と渾然《こんぜん》となっていて「何時から何時まで英語の勉強をしている」とはいえない状況ですが、英会話スクールに通えるようになるまで待つより、ずっと早く勉強に着手できます。

同時にやるということは、混沌を覚悟すること。

「なんだかごちゃごちゃした感じ」「あえてスッキリしない感じ」でいい。ごちゃごちゃを「なんだかおもしろい！」と思えれば、やりたいことをいくつもいっぺんに進めることができる。私はそう思っています。

05

「見切り発車」をよしとする

✻「甘い見通し」がすべての起点

「穂波さん、どうしたら仕事をしつつ、家事や子育てもして、そのうえ留学のための勉強もできたのですか？」とよく聞かれます。

のちほど詳しく述べますが、私にはちょっとした時間のやりくり術があって、そこから生まれた時間を使って受験勉強をしていました。でも、その勉強を始められた大きな理由は「**とにかく始めてしまった**」ことでした。

これがやりたいことを実現するコツのひとつ。いや、私の場合は見切り発車でなかったら、できていなかったことばかりですから、それがすべての出発点、とさえいえるかもしれません。まずはやってみる、という行動力のおかげで、実現したことばかりです。

フルタイムの仕事があって家事や子育てもあって、さらに受験勉強する時間をどう捻出するか。希望の大学院に合格するためにはどれくらいの勉強量をこなさなければならないのか、といった細かいことはほとんど考えず、とにかく「留学したい！」という思いだけを優先させて勉強を始めたのです。

なにごとも見切り発車をするときには、その背後にきっと大丈夫だろう、危なくないだろう、といった「甘い見通し」があると思いますが、それは私の「見切り発車型受験勉強」でも同じでした。

簡単なことではないだろうけれど、なんとかなるだろう。何かを始めようとするとき、新しいことにチャレンジするときには、そんな「なんとかなるさ！」という甘い見通し、楽観主義が大きな武器になります。

もともと、私がこの「甘い見通し」をもっていた背景には、日本での大学院経験があります。私は三重大学医学部を卒業後、東京都中央区にある聖路加国際病院で研修医として三年間働き、その後名古屋大学大学院に入学しました。

このときは、昼間は臨床現場で働き、診療が終わった夕方以降に大学院での講義や研究に励んでいました。この経験から、今回の留学でも、がんばれば自分のペースでなんとかなるのではないか、と考えていたのです。

ところが……今回ばかりはその「甘い見通し」は裏切られました。

ハーバード公衆衛生大学院での学生生活は、予想をはるかに超えるハードさ！毎日びっしりと詰まった講義。講義がない時間帯はすべて、予習・復習・課題にフルにあてないとまったくついていけない授業内容……。とても、「自分のペースでなんとかやりくりできる」状況ではありませんでした。

あとから考えれば「甘い見通し」で痛い目にあった私ですが、**それでも、これが結果的に自分をハーバードへ連れてきてくれた「起点」**。そう考えると、「甘い見通し」は、自分を思いもよらない場所に連れていってくれるもの、とも思えるのです。

✿とにかく始めれば時間が生まれる

見切り発車でまずは行動を始める。そして何かを始めると、そのための時間が生まれる。私はそれをからだで学びました。

一日二四時間をめいっぱい使っていて、これ以上何かをやる時間なんてとてもない。

そんなため息をついていませんか？　先述のように私自身も、そのひとりでした。それでも、やりたいことはある。

ならばまず、そのやりたいことの第一歩を踏み出してみる。五分でも、一〇分でもいいから、小さいことから、すっと一歩を始めてみるのです。

英語の上達ならば、TOEFLの試験を予約してしまう、問題集を買ってきて、とにかく一ページやる、英単語をひとつ覚える。

環境をととのえ、時間をなんとかつくり出してから始めようとするのではなく、とにかく始めてしまう。小さいけれども具体的な一歩を、まず踏み出してみる。

時間ができてから始めるのではない。始めると、時間が生まれる。やりたいことをとにかく始めてしまうと、自然とその分の時間は絞り出されるのです。

のちに述べるように、ハーバード公衆衛生大学院に入学して間もなくの頃、タイムマネジメントの授業がありました。「タイムマネジメント」の授業があることそのものが興味深かったのですが、この授業中に出てきた次の格言が強く印象に残っています。

"There is not the information that is enough to begin something. Anyway, let's begin it!"（何かを始めるのに十分な情報なんてない。とにかく始めよう！）

当時のノートに走り書きされたこの言葉を見ながら、私の留学準備も「とにかく始める」ことから始まったな、と思うのです。

06

期限があるから、「加速」できる

✼受験準備期間は六カ月

私が「留学を実現させよう！」と決意したのは二〇〇七年六月下旬。思い立ったらすぐにでも行動を起こし、できることならその結果もなるべく早く出したいと考えるせっかちな私は、「来年の九月にはどこかの大学院に留学していよう！」と目標を決めました。

九月入学の願書締め切りは、前年の一二月一日。つまり、受験準備に費やせる期間は約半年でした。

「たったの半年で!?」と驚かれることがありますが、**私は半年しかなかったことが、留学を実現できた理由のひとつだったと思っています。**

リミットがあったからこそ、できたのだと。

海外の大学院は、日本の大学院と違って、現地で試験を受ける必要がありません。そのかわり、論文やTOEFLのオフィシャルスコアレポートなどインターネット上で提出する書類がいくつかあり、その内容で合否の判断がくだされます。私は、ハーバードを含め四つの大学院を受験しました。必要書類はどこの大学院もほとんど同じで、次のようなものでした。

①願書

②TOEFLまたはIELTSの公式スコア

TOEFLは大学院側が、受験生の英語力を判定するためのもので、科目はリーディング、リスニング、スピーキング、ライティングの四分野。ハーバード大学院を受験するには一二〇点満点中、九〇点以上が必要でした。

③GRE（Graduate Record Examinations）の公式スコア

アメリカやカナダの大学院を受ける人の共通試験で、数学、英語、論文の三分野。

ハーバード大学院に入学するには一〇〇〇点以上が必要です。

④小論文

⑤推薦状三通

私は、研修医時代の病院の先生、日本の大学・大学院でお世話になった先生に書いてもらいました。といってもどなたもお忙しい先生ばかり。一から書いていただくのは申し訳ないので、自分で下書きを作成し、それに手を加えていただきました。

⑥日本の大学（または大学院）の卒業証明書と成績証明書

このうち、願書は日本の履歴書のように学歴や職歴など個人的な情報を記載するもので、それほど大変ではありませんでした。大学や大学院の卒業証明書と成績証明書は、大学と大学院に英文のものをお願いするとすぐに作成してくれました。

私にとっていちばんの難関だったのがＴＯＥＦＬとＧＲＥ受験、そして小論文です。「志望動機」「大学院で学びたいこと」「自己ＰＲ」「ボランティア経験」などのテーマを盛り込んだ自己アピールのエッセイを、Ａ４用紙一～二枚程度書かなければなりませんでした。

✲加速がつけば、できなかったことができる

さて、これらのことを約半年でやらなければならなかったのですが、私は「火事場の馬鹿力」ならぬ「締め切り直前の馬鹿力」を信じていました。

たとえば、すごくむずかしいレポートの提出を五日後に控えているとしましょう。

「あと五日しかない、今回の提出はあきらめようか……」と考える人もいるかもしれませんが、私の場合「あと五日あればできるかも！」と思うと、焦ると同時に何か自分のなかでメラメラと燃えてくるものを感じます。

プレッシャーがかかると、逆にやる気が出てくるのです。

あと五日あるじゃないか！　ここはなんとしてでも絶対やってみせるぞ、と。

誰にでも経験があると思いますが、スイッチが切り替わり、「よし始めよう！」「よしやろう！」と思い、行動を開始した以降の状態というのは、まさに自分が生まれ変わったような感覚。

やるべきことに前のめりで取り組んでいるとき、やるべきことがどんどん進んでいくときというのは、自分の人生に加速がついたような爽快感があります。

「困難だから、やろうとしないのではない。やろうとしないから、困難なのだ」（前出）という言葉を思い出してとりかかってみると、いや本当にそのとおり、「やればできるんだ」と感じる場合も少なくありません。

私の留学準備も、半年間しかなかったからこそ燃えることができた部分が多いと思うのです。半年間という短い時間だからこそグッと集中できたのでしょう。仮に入学目標を翌々年の九月にしていたとしても、トータルの勉強時間はあまり変わらなかったように思いますし、何より自分の〝加速〟が違っていただろうと思うのです。

仕事でも、自分のやりたいことでも、期限が決まっていたり、さらにはその期限が短かったりしたら、むしろ「チャンス！」と自分のなかでガッツポーズをしましょう。

期限が限られているということは、「直前の馬鹿力」を出せるということ。〝加速〟をつけられる環境を与えられたということ。普段の速さではこなせなかったこ

とが、加速がつくことで可能になります。

期限が短いということは、自分をより奮い立たせてくれるということ。なんてありがたい――そうとらえて、思う存分その締め切りまで奮闘すればいいのです。

とはいっても、やっぱりもう少し前からきちんと準備をしておくべきだった、と締め切り直前に泣きたくなったこともあります。忙しいときに限って子どもの体調不良や緊急の用事が入り、「あ～」と嘆くことはしょっちゅう。

そんなときでも、最後の一秒まで、最後の一手までやり尽くす。「締め切り直前の馬鹿力」は、自分の限界を押し上げてくれる原動力だと思っています。

07

「できる」しか見えないメガネをかける

✤あるのは「やる」か「やらない」かだけ

「締め切り直前の馬鹿力」を発揮するのに必要なのが、「できる・できない」を度外視すること。

まるで「できる」という言葉しか見えないメガネをかけるようなものです。

「穂波さん、そもそも留学の準備を始めるとき、半年間あればできそうという見通しが立っていたのですか？」と、海外留学をめざす後輩から聞かれたことがありました。

この質問をされたとき、一瞬、答えに詰まってしまいました。

え？　できそうという見通し？　あったかな？

当時の記憶をたぐり寄せながら、なんだか新鮮な質問だなぁ、見通しなんて立っていたかなぁと考えながら、ハタと気づきました。

そういえば、そもそも「できそう」とか「できないかも」という概念がなかった。「やるぞ!」と思っていたな、と。

そう、当時の私は「自分で決めたからにはやるしかない!」という一心で、目標に取り組んでいたのです。

本当にできるだろうかなどと躊躇《ちゅうちょ》している時間はありません。とにかく、まずはやってみる。そんな、とてもシンプルな行動でした。

✽「やる」と決めると、頭は無意識にその道筋を探す

このような思いの根底には、私にはできるという根拠のない自信があったのでしょう。私は生来、負けず嫌いの性格でした。できない、無理という言葉がとにかく大嫌いですし、両親も、私が幼い頃から常に「穂波ちゃんはなんでもできるね、すごいね」といってくれていました。

親が「根拠のない自信の種」をたくさんまいておいてくれたおかげで、気づいた

らそれが大きく育っていた、という感じでしょうか。

漫画『ドラゴン桜』（三田紀房作・講談社）の影響もありました。ご存じの方も多いと思いますが、この漫画は、弁護士であり教師でもある主人公の桜木建二が、倒産寸前の私立高校を再建させるために、東大はおろか大学進学さえもまったく考えていなかったふたりの高校生を東大合格に導く、というストーリー。

アメリカ留学をめざすことに決めた私は、弟にすすめられ、東大をめざす高校生に自分を重ねてこの漫画を読みました。

そのなかで、主人公の桜木先生が、受験本番が差し迫り不安になっているふたりの高校生にこんなことをいっていました。

「心の中を根拠のある自信と根拠のない自信で一杯にすること」

根拠のある自信とは、何時間勉強した、問題集を何冊こなしたなど、具体的に根拠があげられるもの。一方、根拠のない自信とは、自分の身の回りに起きたことを都合よく解釈してそれを合格の前兆ととらえる、ということでした。たとえば、駅のホームに着いたとたん、電車が滑り込んできて、まったく待たずに乗車できてラッキー、などと考えるのです。

私もこの桜木先生の教えに従ってラッキー探しをする癖がつきました。

渡ろうとしていた信号がすぐに青になるなんてラッキー！

記入してアメリカに送るべき書類をなかなか送れずにいたら「こちらの手違いがあったので新しいものを送ります」との連絡が。送らなかった私はなんてラッキー！

家族がみんな元気。おかげで仕事も勉強もできる私って、なんてラッキー！

このラッキーは、すべて合格の前兆だ！

……という具合です。こうして培った「根拠のない自信」が、「できる」という気持ちを生み出しました。

「やる！」と決めると、頭が自然とそのための道筋を導き出すものです。まるで自分がそこに向かうのが当然のように、からだも心もその対象に向き、進み始めるのです。

✿「できる！」と思うことから道は開ける

ところで、「自分はできる！」という根拠のない自信は、受験勉強以外のときでも、人生を楽しく生きるために欠かせない、と私は思っていました。

できるかできないかが大事なのではなく、「できる」と思うことでやる気が出ることのほうがずっと大事。

研究でも教育でも、大事なのは客観的な評価より自信、と多くの学術論文に書かれています。

日本では主観よりも客観が重視される場面が多いように感じますが、客観よりも主観を重視して、「自分はできる！」と思えるほうが、人間はのびのびできるし、やる気も出る、楽しく生きられる。そうすると、脳も活発に働きます。

どんな物事に対しても、「自分はできるんだ」と思えたなら、その時点ですでにゴールに近づいたも同然、そう私は思うのです。

08

「お金」より「時間」より大事な「気持ち」のやりくり

✻ハーバード大学院を受験前に見学

やりたいことへの第一歩を踏み出す。

その第一歩目、小さいけれど具体的な一歩。どんな一歩でもいいですが、私が留学のための準備に先立ってまず取り組んだのは、「人に会う」ことでした。

自分の目標を達成させるために、自分の夢をかなえるためにいちばん大事なのは、**お金のやりくりでも時間のやりくりでもなく、「気持ちのやりくり」**。

どれだけ「やりたい！」という気持ちを高められるか。そしてそれをいかに長期間キープできるか。

やる気を削ぐような出来事や状況はいたるところに待ち構えています。疲れたり落ち込んだりしていったんしぼんだ心の風船に、いかにすぐに空気を入れ直してやれるか。これが成功のカギを握っている、というのが私の持論です。

逆に「絶対に目標を達成させる！」「夢をかなえる！」という強固な気持ちさえあればそのための時間はおのずと生まれてくる、ともいえますから、まずは「気持ちのやりくり」が大事なのです。

私はそれまでの経験から、自分が尊敬する先生や先輩にほめられたりアドバイスされることで自分の「やる気スイッチ」がオンになる、ということを知っていました。信頼している人に「君ならできるよ！」といわれると、もうそれだけで、地の果てまでダッシュで走っていけそうな、空だって飛べるような、なんだってできる気になるのです。

そこであえて、尊敬する先生や先輩に積極的に会いに行きました。大学時代にお世話になった教授、臨床研修を受けた病院の院長、研修医時代の先輩などに、留学を考えているがその選択は間違っていないかなどを相談させてもらいました。住居からそう遠くない東京近郊だけでなく、新幹線に乗って京都にも行きました。

「仕上げ」は、アメリカ・ボストンにある志望校です。

すでにハーバード公衆衛生大学院に留学していた友人に、疫学専門の教授を紹介してもらい、夏休みを利用して会いに行きました。

もちろん、大学院の教授に会ったからといって合格に有利になるわけではありません。「私に会いに来たって、受験を通してやることはできないんだよ」と当の教授からも冗談半分に釘を刺されました。

しかし、憧れの大学院の一室で、近い将来講義を聴くことになるかもしれない教授に直接会って話を聞けば、きっと一層、私の「やる気スイッチ」はオンになるはず。

いくつもの「やる気スイッチ」がパチパチと音を立ててオンになり、そう簡単にオフに戻らないだろう、と考えました。

実際、私がお会いしたハーバード公衆衛生大学院の教授は、疫学についてとてもおもしろい話をしてくださり、「もっと学びたい！　絶対に入ってやる！」と奮起するきっかけになりました。

✻生で「触れ」「感じた」ことが、自分を突き動かす

受験前にわざわざボストンまで足を運んだのにはもうひとつ理由がありました。それは、ハーバード公衆衛生大学院を、自分の目標として実感するためでした。

私は留学先で治療の根拠となるデータづくりをする疫学・統計学を学びたいと考えていましたが、それ以外にも、女性であることが弱みにならないような何かを見つけたい、臨床の第一線で現場に張りつく仕事はできなくても、社会に貢献できるようなスキルを身につけたい、と考えていました。そのため、子育て中の女性がどんな環境で勉強できるのか、それを知りたかったのです。

この大学院では、病気の治療としての医療ではなく、健康に焦点をあてた勉強ができます。

また、医師なら、日常診療で疑問を感じたときに解決する方法を学ぶことができます。実際にどのような講義が行われているかは、公開されているシラバスなどでおおよそわかります。しかし具体的にどんな学生生活なのかは、よくわかりませんでした。その「詰め」をしたかったのです。

この「詰め」をするには、直接人に会って話を聞くのがいちばんです。

これは何も受験に限りません。何か新しいことに取り組むとき、何かにチャレンジしようとするとき、現場に出向いて、その現場にいる人と直接話すことで得られる情報には大きな価値があります。

なぜなら、そうすることで文字にならない情報をたくさんキャッチできるから。

五感をフルに使って、何かを感じとることができるからです。

たとえばインターネットで本を注文すると、実物が届いてその本を手にしたときに「何かが違う」と感じることがありませんか。ネット上で、タイトルも内容も目次もひと通り見て、まえがきも読んだ。おおよそ「こんな感じの本だろう」と予想していたが、実際に手にとってみると何かが違った、という場合が。

そしてまだ中身を読んでいないのに、「この本は途中までしか読まないかもしれない」あるいは「長くつき合っていけそう」などと、その本と自分との関係の行く末が直感的にわかってしまうことがあります。

本に限らず商品には、質や雰囲気など、実物を手にしないと絶対にわからない情報があります。そして、自分が本当に欲しいものなのか、長くつき合っていけそうかどうかは、文字になっている部分ではなく、むしろ手にとって「感じた」情報に左右される場合が多いものです。

私がわざわざハーバード公衆衛生大学院まで行ったのも同じ理由でした。現場を訪ね、生の情報に触れて、どんなことを学べるのかを確認したかったのです。

講堂、ランチルーム、トイレなど校舎内を見学しながら、「来年には私もここで学んでいるのね」と想像をふくらませます。そればかりか、寮まで見学させてもらい、案内を受けながら、**「家賃はいくらですか?」「いつから入居できますか?」**などと質問し、端から見たらまるで入学がすでに決まった学生のようでした。

✻やりたいことに焦点が合えば、雑音は消える

人に会うことは、情報を得、吸収すること以上のものがあるようです。

尊敬する先生や先輩方に会い、「ではがんばって留学を実現させます!」と宣言したことで、**目標は「自分だけの目標」から、誰かをも巻き込んだ「必ず果たすべき約束」に変わります。**

さらには、会いに行った人は誰もが「君ならきっとできるよ」という言葉をかけてくれるものですから、根拠のない自信はさらに増大します。「むずかしいから考え直したほうがいいよ」と否定的なことをいう人は誰もいませんでした。

とはいえ、今になって思えば、それも人間の「自分の見たいものだけを見る」性質が、「むずかしいと思うよ」という声をかき消していただけかもしれません。

先のハーバード公衆衛生大学院の教授は、子どもふたりを連れて面談させてもらった際、最後に「学生であり、母でもあることは大変なことだよ」という言葉をかけてくれました。

のちに、嫌というほどこの言葉の意味を実感するのですが、このときは困難を予感させる印象は受けず、「それでもがんばってみる価値はあると思うよ!」というエールにしか聞こえませんでした。

気持ちのやりくりができ、やりたいことだけに焦点を合わせていると、自然と自分に都合の悪い声をシャットアウトするのかもしれません。こうして、やりたいことをかなえるため、気持ちを高めることからスタートしたのです。

第2章

「マイルール」で時間密度を最大にする

09

時間の「節約」はしない、「価値を高める」

✻一分間の価値を最大限まで高められるか

やりたいことを阻む大きな壁、多くの人にとってそれは「時間がないこと」ではないでしょうか。

夢や目標がある、やりたいことなら山ほどある。でも時間がない。とにかく自由な時間がない……。

私の場合も同じでした。「留学を実現させよう！」という思いは煮えたぎっていたものの、毎日やるべきことがパンパンに詰まっていて、勉強をするための時間がどこにも見当たりませんでした。

さて、どうしよう？

当時の私には立ち止まっている時間さえありませんでした。何しろ、留学準備にかけられる時間は半年しかなかったのですから。

しかし、ここでもまた「時間がない」ことが私の味方になりました。

時間がないことで、時間への執着心がグッと高まり、なんとかして時間を手に入れよう、時間を生み出す工夫をしようと思えたのです。

このとき、私はある言葉に出合いました。

"Don't say you don't have enough time. You have exactly the same number of hours per day that were given to Helen Keller, Pasteur, Michelangelo, Mother Teresa, Leonardo da Vinci, Thomas Jefferson, and Albert Einstein."

時間が足りないなどといってはならない。あなたに与えられた一日当たりの時間はきっかり同じなのだから。ヘレン・ケラー、パスツール、ミケランジェロ、マザー・テレサ、レオナルド・ダ・ヴィンチ、トーマス・ジェファーソン、アルバート・アインシュタイン、誰もみな同じ。（H・ジャクソン・ブラウン・ジュニア）

あぁ、たしかにそうだよね。ヘレン・ケラーやマザー・テレサに限らず、偉人と呼ばれる人たちは、何も特別な時間を与えられていたわけではない。時間は平等に与えられていた。一日二四時間という「長さ」は私たちと同じ。

では、彼らと私の違いはなんだろう？　そう考えたとき、「時間密度」という言葉が頭に浮かびました。

たとえば、大事な試験の最後の一分。

何も考えずにボーッと過ごす一分。

夜空を見上げて、宇宙の果てに思いをはせる一分。

ネット上をぼんやりとさまよう一分。

腕立て伏せを続ける一分。

カリカリイライラする一分。

他人のために尽くす一分。

笑いが止まらない一分。

物理的にはどれも同じ一分です。

でもどう使うかで、その一分の価値は大きく変わってくる。

偉業を成し遂げた人の時間というのは、その密度がすこぶる濃かったのではないか。たとえば同じ一分でも私のそれに比べたら、ずっと価値が高く密度が濃いものではなかったのか、と。

ならば、私も時間密度を高めればいい。

「時間がない、時間がない」と嘆いていたけれど、一分や二分の時間なら、一日のそこかしこに転がっているはず。その密度を高めていけばいいのだ。それを丹念に積み重ねていけばいい。

時間密度を高めれば、きっと人生はもっと豊かなものになる。そう思えたのです。

私にとって「時間がない」という状況で留学準備を進める経験は、同時に、いかにして時間をつくり出すか、また生み出した時間、見つけた時間をいかに密度の濃いものにするか、という時間管理の力を磨く経験でもありました。

この章では、時間がなかったからこそ身につけた、私なりの時間の使い方、生み出し方をお伝えできたらと思っています。

✿大切なのは「余力と笑顔が残る程度に」がんばること

といっても、一日二四時間、一分一分を緊張状態で過ごす、というわけでは決してありません。

もともと私は、仕事も育児も家事も、できればそんなにがんばらないで続けたいと考えているタイプです。

もちろんそれぞれに真剣に取り組み、ときとして周囲の声が耳に届かなくなるほどグッと集中もしますが、自分を見失わない程度の真剣さ、なんだかうまく事が進まないというときでも、「これはこれで、まあいいか」と考える図太さが身についています。

だからときにはボーッとする時間もあっていい。

たとえそれが現実逃避とわかっていたとしても、友人ととりとめのないメールをやりとりする時間があってもいい。

それが明日への活力となるのなら、それで笑顔を取り戻すことができるのなら、それはそれで価値のある時間だと思うのです。

✿「タイムマネジメント」という言葉の魔力に取り込まれない

時間は節約すればいい、時間をやりくりして生み出しさえすればいい、というわけではありません。「タイムマネジメント」という言葉は魅力的ですが、それにとらわれてしまってはいけません。

大切なのは、今、目の前にある時間の密度を上げて、もっとも〝価値の高い時間〟を過ごすこと。

「時間バリュー」を最大にする、というところがポイントです。

それはただ単に一定時間にこなすべきことを詰め込んだり、その生産性を上げたりすることだけをさすのではありません。

たとえば、工場での製造やタスク処理など、生産性をぐんぐん上げることがその時間バリューを最大にすることにつながる場合もあれば、一方で、人間の場合、ひとまず生産性は脇に置いて、あえて休んだり家族とくつろいだりすることが、その時間の使い方として最大の価値を生むということもあります。

休日はあえて詰め込まずに、心身共にリラックスさせ自分をメンテナンスすることが、翌週からの有効な時間の使い方につながる、というように。

たとえば、私は子どもたちが起きている間は、メールチェックも含めて、子どもの前で仕事はしないと決めています。

平日は朝六時から八時まで、そして夕方六時から八時まで、子どもたちと向き合って過ごせる時間は二四時間のうち四時間しかありません。保育園にお迎えに行ってから寝かしつけるまでは、子どもたちとの時間。それを優先させ、思う存分関わりたい。そうすることが、私自身のエネルギー源にもなっています。

生産性ではなく「時間バリュー」に軸足を置いた、もっとも効果的な時間の使い方が一分を変え、それを積み重ねた一日、一年を変える。さらには人生をも変える。

そんな思いで時間に向き合うようにしています。

10 時間バリューを最大にするスケジューリング

✻手帳を午前三時スタートに書き換える

時間密度を上げて物事に取り組む。そう意識が変わった瞬間から、日常にあふれる小さな「細切れ時間」に気づくようになります。

朝、普段より少し早く起きて生まれる三〇分。お昼ごはんを早めに切り上げて生まれる一〇分。電車の待ち時間にできる五、六分。

やるべきことから、やりたいことまで全部をやるための時間、それは、時間密度を上げることで生み出すしかない。そうわかってから、私の留学準備は大きく進み始めました。

海外留学というゴールをめざしてとにかく走り出した私ですが、留学を決意した

留学決意以前の平日のタイムスケジュール

am 5:45　起床

↓ 朝食準備、子どもの着替えと登園準備、自分の身支度、朝食の片づけ

am 7:30　家を出発（夫が子どもたちを保育園に送り、私は通勤）

↓ 通勤時間

am 9:00　仕事開始

↓

↓

pm 5:00　仕事終了

↓ 帰宅時間

pm 6:30　保育園にお迎えに行き、帰宅

↓ 夕食準備、夕食、入浴、絵本の読み聞かせ

pm 8:00〜8:30　子ども就寝

↓ 夕食の片づけ、洗濯（前日の洗濯物の片づけ）、翌日の保育園の準備、翌朝のお米研ぎ、散らかった部屋の片づけ

pm 11:00〜11:30　就寝

当時の私の一日のタイムスケジュールには、十分な勉強時間をとる余裕がありませんでした。

当時の私の平日の過ごし方は右のようなものでした。

世の中の仕事をもつお母さんの平均的なスケジュールにきっと近いでしょう。

仕事を終え帰宅したあとの時間は、「夕食」「入浴」などと文字にしてしまうと、ひとつひとつはとてもシンプルに見えます。しかし子どもと一緒のそれは、実際はもうぐちゃぐちゃです。食事中におみそ汁やお水をこぼすのは日常茶飯事、「おかわり！」といううれしい催促もあれば、突然「トイレ〜」といい出すときもあります。

子どもが落ち着いて食事をしているのは本当に一瞬。その一瞬の隙に、浴室の掃除をしたり、保育園の連絡帳のチェックをするなどします。とくに子どもたちが就寝するまでは、まさに怒濤《どとう》のように時間が過ぎていきます。

子どもが寝たあとは、たまった家事を一気に片づける時間。正直、からだはヘトヘトでした。というより、寝かしつけるときにうっかり自分も眠ってしまい、深夜一時頃に慌てて起きてきて残りの家事をして改めて就寝することも多かったのです。

当時の自分を今でも思い出します。「勉強したい！」と思っても、教科書を開けるのは通勤時間のみ。これだけでは時間が足りない……。

そこで、毎日のタイムスケジュールを次のように変更しました。

大きな変更点は、早朝の時間を確保し、そこを活用するようになったこと。

夜は子どもたちと一緒に就寝し、その分翌朝早く（午前三時）起き、子どもたちが起きてくるまでの三時間を勉強時間としてまずは確保したのです。

願書の応募締め切りまでに残されているのは六カ月。確保した時間に、ギュッと勉強を詰め込む必要がありました。

どのように勉強したかについては、次章をお楽しみに！

月曜早朝三時の「ｔｏ ｄｏリスト」

留学めざして邁進《まいしん》！　とはいえ、日々の生活には、ルーティンの仕事やそれ以外にもやるべきことが次から次へと舞い込んできます。仕事と家事、子育てをして、雑事をさばき、なおかつ勉強時間をキープするにはスケジューリングが重要です。

私は、スティーブン・R・コヴィー著の『7つの習慣』（川西茂訳・キングベア

留学決意後の平日のタイムスケジュール

am 3:00　起床

↓ 勉強タイム

am 6:00　子どもたち起床

↓ 朝食、出かける準備

am 7:30　家を出発（夫が子どもたちを保育園に送り、私は通勤）

↓ 通勤時間（勉強タイム）

am 9:00　仕事開始

↓

↓

pm 5:00　仕事終了

↓ 帰宅時間（勉強タイム）

pm 6:30　帰宅

↓ 子どもと一緒に夕食、入浴、翌日の保育園の準備、翌朝のお米研ぎ、絵本タイム

pm 8:00〜8:30　子どもと一緒に就寝

ー出版）を参考に、一週間の計画を立てることにしました。

スケジューリングの詳細は、ぜひそちらをご覧いただきたいと思いますが、ここでは私がどのように勉強時間を組み入れていたかをご紹介します。

まず使っていた手帳は手製のもの。『7つの習慣』に掲載されていた形式と同じものを入手できなかったので、大学ノートに線を引き、似たものをつくりました。

スケジュールは見開き一週間単位で、時間は三〇分刻みのスケジュール帳です。

毎週月曜日の早朝にその週の計画を立てるようにしていました。

最初に行うのは、一週間の「ｔｏ ｄｏリスト」の作成です。

「留学準備」「仕事」「家族」「友人」「健康」など、そのときに自分が取り組むべきいくつかの大きなテーマについて、それぞれやるべきことを箇条書きにしていきます。

すべて書き出したら、それらの「ｔｏ ｄｏ」に頭から番号をふっていきます。

次に、スケジュール帳のなかで一週間のうち自由になる時間を赤いペンで囲っていきます。平日はだいたい、早朝の三時から六時、通勤時間、昼休みだけでした。

to doリスト

留学準備	①小論文の作成 ②TOEFL問題集 ③GRE問題集
仕事	④論文 （産婦人科分野のもの） ⑤退職後の代替医探し ⑥セミナー参加
家族	⑦次女の健診 ⑧長女予防注射 ⑨保育園への提出書類の記入
友人	⑩〇〇さんへお礼の手紙 ⑪〇〇さん、〇〇さんへメール
健康	⑫歯医者さん予約 ⑬衣替え

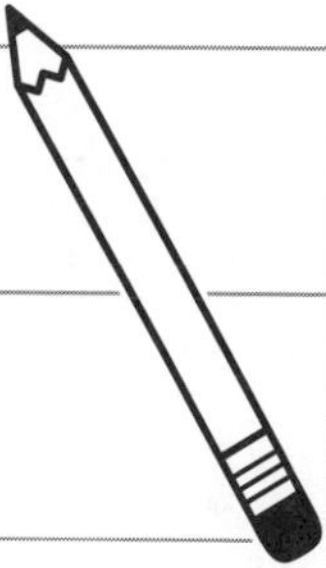

時刻	10月14日	10月15日	10月16日
3	to doリスト作成	①	⑬
4	②p100〜102	②p103〜105	②p106〜108
5	③p50〜60	③p61〜70	③p71〜80
6			
7			
8	⑩	①	④
9			
10			
11			
12	⑨	⑤	⑪
13			
14			
15			↑年休
16			⑦⑧予約済↓
17	①	④	①
18			
19			

この赤枠のなかに、先ほど書き出した「ｔｏ ｄｏリスト」の番号を書き入れていきます。番号順とは限りません。重要度、緊急度、所要時間などを考えながら、適切なところに配置していくのです。

これをコツコツと消化していけば自動的に「ｔｏ ｄｏリスト」が片づいている、という状態です。もちろん、予想以上に時間がかかって終わらなかった、急な用事が入ってその処理に追われ、予定どおり進まなかった、という場合もしょっちゅうでした。

そのときは、その日のうちにリストに×をつけてその週の残り時間で計画を入れ直したり、翌週に持ち越すなどします。

無事終了した項目については、大きくチェックをつけました。こうして目に見える形にすると、遅々としながらも片づいていっているという実感があり、大きな励みになりました。

✽まず「大きな石」のための時間を確保する

月曜日の早朝に書き出した「ｔｏ ｄｏリスト」をこなす際、私は「大きな石」

を意識するようにしています。

「大きな石」のたとえ話をご存じでしょうか。

たとえばここに、川の中流あたりにゴロゴロしていそうな大きな石が三～四個、それより小さなこぶし大の石が一〇個、さらに、小さめのスーパーのビニール袋に入った砂があるとしましょう。そして、その横にはひとつの空のバケツ。

このバケツにできるだけ多くの石や砂を入れるには、どのように入れていけばよいでしょうか。

正解は、まず大きな石を入れ、次に小さな石、最後に砂を入れる、という方法です。

小さな石や砂を先に入れてしまうと、大きな石のいくつかははみ出してしまいますが、最初に大きな石を入れれば、その隙間に小さな石や砂が入り込みます。最初に小石や砂を入れるより、ずっと多くの石と砂を入れることができるのです。

このやり方なら、ここにさらに水を入れることも可能です。水は石と石のわずかな隙間に入り込み、砂のなかに浸透していきます。

日頃のタイムマネジメントもこれと同じこと。**人生という限られた時間に私たち**

がまずやるべきなのは最重要事項（大きな石）であって、小さな石のための時間はおのずと見つけられます。目先の用事やつまらないことに時間を割いていては重要事項をやる時間がなくなってしまう、というわけです。

裏を返せば、私たちはつい、それほど重要でない事柄やつまらないことに人生の大事な時間を費やしてしまいがち、ということでしょう。

私はこの話を『7つの習慣　最優先事項』（スティーブン・R・コヴィー他著・宮崎伸治訳・キングベアー出版）で読んだのですが、いわれてみれば「大きな石」から入れるべきなのはあたりまえのこと、しかし案外忘れがちだな、と思ったものでした。

以来、私はスケジュールを組むときに、**今の私にとって「大きな石」は何か**を考えるようになりました。そしてできるだけ、まとまった時間には優先的に「大きな石」を入れるようにしていったのです。

これは勉強の予定を組むときにも同様です。先ほども触れましたが、ハーバード公衆衛生大学院を受験するには、次の勉強・準備が必要でした。

・TOEFLのスコアを九〇点以上とること
・GREのスコアを一〇〇〇点以上とること
・小論文「私はどんな母子保健の専門家になって世の中に貢献したいか」の作成

では、これらの勉強の計画をどのように立てたか。

TOEFLの勉強もやりつつ小論文の内容も考えるというように、基本はここでも同時並行でした。ただし、そのときどきで「今は何がいちばん大きな石か」を意識しながらスケジュールを組んでいきました。

たとえばTOEFLとGREの試験前は、そのための勉強が「大きな石」になります。TOEFLもGREも、試験はほぼ毎月一回実施されており、合格レベルの点数をとるまで(ただし大学院の応募締め切りまで)何度でも受けられます。

どちらも受験料は安くないので、ある程度力がついてから試験を受ける、と考える人が少なくありませんが、私の場合はまず早めに試験の予約を入れてしまいました。先に試験の日程が決まっていたほうが自分を追い込める、と考えたのです。

「受験料が高いから、そう何度も受けられない。とにかく早く合格点をとろう！」とわざと自分を焦らせました。

これらの点数がとれたあとは、小論文の作成が、私にとって何よりも「大きな石」。集中して頭をフル回転させなければできない作業だったので、大学院の応募締め切り直前まで、早朝のまとまった時間はほぼ小論文作成に費やしました。

✽生み出した時間で「何をやるか」が何倍も大事

この「大きな石」を意識してスケジュールを組むやり方は、受験勉強が終わったあとも続いています。

さあ仕事を始めようというとき、ついつい大好きなメールからチェックし、気づけばメールのやりとりだけで一時間以上たっていた、ということがあります。

もちろん重要なメールもありますが、あとから考えれば「そんなに時間をかける必要はなかったかも……」と思うときもしばしば。そんな自分を戒めるためにも、スケジュールを組むときには「大きな石」を意識するのです。

まとまった時間は、もっとも優先すべき「大きな石」をあて、細切れに生まれた時間に「小さな石や砂」ともいえる小さな作業をあてる。

苦労して時間を生み出したとしても、それを自分自身の向上や最優先事項につなげられるかどうかはまさに自分次第。

朝時間でも、他の時間でも、時間を生み出すことはもちろん大切です。でもそれ以上に、その時間で何をするのか、それをよく吟味することの大切さを教えてくれたのがこの話でした。

自分にとって「大きな石」が何かを常に意識することが、時間密度を高めることにつながるのです。

11 やるべきことの総量を見直す

✿朝時間活用の意外な落とし穴

夜は早くに就寝し、早朝に起きて朝時間を活用する。私も大いに活用していることの方法は、時間術における王道、定番だと思います。

この朝時間の活用は、一見、とにかく早朝に起きられさえすれば、時間を有効に使えて万事うまくいくように思えますが、ひとつ落とし穴があります。

早く起きれば万事うまくいく。やりたいことは全部できる――でも、現実はそう単純ではありません。やるべきことの総量が変わらなければ、どんなに早寝早起きをしたとしても、夜やっていたことを朝にスライドさせるにすぎないのです。

たとえば私の場合なら、帰宅後から自分が寝るまでの間に、夕食の準備、夕食、夕食の片づけ、干してある洗濯物の取り込み・たたみ・収納、入浴、その日に出た汚れ物の洗濯、翌日の保育園の準備、保育園の連絡帳のチェックと記入などをこなさなければなりませんでした。さらに友人や仕事相手へのメールの返信、保育園や役所への提出書類の準備など、イレギュラーなものも舞い込みます。

これらをやらずに早寝をしてしまえば、当然そのツケは翌朝にまわってきます。**やるべきことの総量が変わらなければ、せっかく早起きをしても勉強をする時間は生まれません。**大きな石のための貴重な時間。そこに小石を入れるというもったいないことはしたくありません。

なんとかがんばって、やるべきことのいっさいがっさいを子どもが起きている間に済ませる、という方法もあるでしょう。

しかし我が家の子どもたちは、なかなかそれを許してくれませんでした。子どもが絵本を読んでいる間に洗濯物を干してしまおうと思っても、「ママ読んで〜!」と絵本を持ってやってきます。書類や連絡帳を書き始めると、おもしろがって、いたずら書きをしようとします。結局は家事をやろうにも、中断させられてしまうのです。

そもそも、ただでさえ子どもと過ごす時間が短い私にとって、せめて夜くらい、家事の片手間に子どもの相手をするのではなく、子どもだけに集中してベッタリ過ごしたい。

それでは、家事や雑事の諸々をやりつつ子どもの相手もして、勉強時間をどうやって確保していたかというと、**実は私には強力なサポーターさんたちがいました。**

留学を決意する以前から、あることがきっかけで、家事の一部(夕食の準備、洗濯、部屋の片づけ)をアウトソーシングするようになったのです。

✼「貯金を崩してでも人様の手助けを得なさい」という母の教え

仕事と家事と育児、あるいは仕事と留学準備と子育てなど、**複数のやりたいことを同時並行で進める私にとって大きな助けとなったのが、「人の手を上手に借りること」**。これは留学を決意する以前から実践していたものでした。

家事をアウトソーシングしたきっかけは、長女の喘息《ぜんそく》でした。

留学を決意する以前、「午前六時スタートの一日」を送っていたときには、毎日忙しいながらも、子どもたちが健康でさえいてくれれば、仕事と家事・育児をなんとかこなしていくことができました。しかし子どもが体調を崩すと、とたんにいつものパターンが乱れます。

とくに長女が喘息で入院すると、まともに仕事にさえ行けなくなりました。苦しそうにしている子どもはかわいそうだし、私は仕事に行けないし、家事もまわっていきません。

こんなとき頼りにしたいのは夫ですが、夫は夫で責任のある仕事を任されており、仕事を休むことはできません。私の両親は愛知県に住んでいて現役で仕事をしているため、平日は頼りにできません。夫の両親は茨城県に住んでいますが、我が家に来るには車で約二時間かかるため、そう頻繁にお願いもできません。

途方に暮れた私が、電話口で実家の母親に愚痴をこぼすと、母がいったのです。

「ひとりでなんでもやろうとしないで、人を頼りなさい。まずは家事代行やベビーシッターの会社に電話をして、子どもの付き添いをお願いしてみたらどう？　貯金を崩してでも人にお願いしてみて」

そういわれたものの、最初は躊躇《ちゅうちょ》しました。

子どもの病院の付き添いにベビーシッターさんを頼むというのはどうなの？　病院の付き添いが他人だなんて子どもが悲しがるのでは？　そもそも人を雇うような身分でもないし……。

さまざまな思いが巡りつつ、私ひとりではどうしようもありません。まずは思い切って電話帳を開き、いくつかの家事代行やベビーシッターの会社に電話をしてみたのです。

✽スーパー主婦に力を借りる

「ああ、あのとき思い切って頼んでみて本当によかった」

というのが後々の私の思いです。

長女の付き添いのためにやってきてくれたシッターさんは、淳子さんという四〇代の女性。淳子さんは、子どもの相手がとても上手で、子どもを飽きさせない工夫をたくさんしてくれました。長女もなついて、仕事に出る私を笑顔で送ってくれるようになったのです。

退院後、長女はしばらく自宅で様子を見る必要があったのですが、このときも淳子さんが毎日自宅まで来てくれました。さらに、ダメもとで「子どもが昼寝している間に洗濯や夕食作りもやってもらえないか」とお願いしたところ、快く引き受けてくれたのでした。

といっても淳子さんは売れっ子のシッターさん。応援を頼んでもいつも淳子さんが都合をつけられるわけではありません。そのうち、淳子さんが、当時高校生から小学生まで三人のお子さんをおもちのベテランお母さんともいえる、明美さんという女性を紹介してくれました。

明美さんの家事能力はすこぶる高く、二時間で洗濯、夕食作り、掃除をテキパキとこなす、まさに「スーパー主婦」。ときには熱を出した長女をおんぶしながら、それらの一切をやってくれました。しかも明美さんの作る料理のおいしいこと!!

すっかり感動した私は、長女が元気になって保育園に通っているときにも、週に二回定期的に明美さんに来てもらい、洗濯と夕食作りをお願いするようになりました。

これで、それまでは仕事から帰ってから大急ぎでこなしていた家事の数々を私がやらなくてもよくなり、私がやるべきことの総量が減ったのでした。

以来、当初の躊躇がウソのように、私はどんどん他人の手を借りるようになりました。民間の家事代行サービス、病児保育サービス、自治体のファミリーサポート、シルバー人材センター、知り合いの女子大生など、頼れるところは片っぱしから頼りました。

人の手を借りるとなると、経済的な負担が気になるところですが、自治体のシルバーセンターなら一時間一〇〇〇円前後からお願いできます。

これで、家事の手間が省け、仕事や勉強のための時間が生まれる。さらに、「家事をやらなければ！」という義務感から解放されて気持ちもスッキリします。こう考えると、家事を頼むことは決して高い出費ではないのではと感じています。

母親が家事をやるのはあたりまえ、手を抜くなんて、母親失格――どこかでそう思い込んでいた私は、サポーターさんたちの力を借りるうちに、そんな「誰かの常識」に縛られていたことに気づきました。

「誰かの常識」を捨て、もっと基準を下げた「マイルール」をもつことで、どんどん人の力を借りられるようになり、いろいろなことができるようになったのです。

それらは、自分ひとりでは決してできなかったことばかり。

私に、人の力を借りることの価値を教えてくれた母とサポーターさんたちには、今でも心から感謝しています。

12

「常識」に時間を泥棒されていないか？

✿お風呂は三日に一回でもOK？

仮に時間を生み出せたとしても、やるべきことが山積していれば、「やりたいこと」にはなかなかたどり着かない。結果、やりたいことはできなくなります。

私の場合はそれが「家事」であったわけですが、やるべきことの総量そのものが大きすぎるがゆえに、いくら時間を生み出しても足りない、ということもあります。

そんなとき、ムダな時間や知らず知らずのうちに時間を「泥棒」している「犯人」を見つけることができれば、解決の糸口になります。

なくてもいいはずのルーティンワーク、ムダな会議、打ち合わせと称しての会合、なかなか切り上げられないご近所さんとの井戸端会議……誰しも心当たりがあるはずです。

私の場合は「人の手をとことん借りる」ことでやるべきことの総量を減らしましたが、それ以外にも気持ちのもちようを少し変えてみるだけで、そしてほんの少し工夫することで、時間を確保することができる、ということがわかりました。

たとえば、お風呂は毎日必ず入るもの、と決めつけていませんか。

もちろん「お風呂が大好き。毎日必ず入りたい」という方はなんの問題もありませんが、私の場合はちょっと違います。

我が家の子どもたちはお風呂（というよりお風呂場での湯遊び）が大好きで、ひとたびお風呂に入るとなかなか出ようとしません。一時間くらいは平気で遊びます。だから、「あぁ、今日は子どもたちをお風呂に入れる時間はない！」と思うとき、「よし、今日のお風呂はナシ！」「明日の朝にしよう！」としてしまうのです。

これで、少なくともお風呂で使う予定だった一時間がポコッと浮きます。

毎日必ずお風呂に入る習慣がある方には違和感があるかもしれませんが、私がお風呂は毎日でなくてもいいと思えるのは、ドイツに滞在したときの経験が影響しています。

私が長女を出産したのは、夫の留学先のドイツでした。産婦人科医といえども、知識として身についているのは妊娠から出産までのこと。出産したあとの赤ちゃんのお世話についてはまったく未知の領域でした。

そんな私の心強い支えが、現地の助産師さんたちでした。出産後、定期的に家庭訪問をしてくれて、赤ちゃんの成育具合のチェック、母乳指導、日常のお世話についてのアドバイスなどをしてくれました。

このときいわれたのが、「赤ちゃんのお風呂は三日に一回くらいがちょうどいい」ということ。赤ちゃんの肌はデリケートで乾燥しやすい、からだが自然につくり出す油が皮膚を守るので、その油分を保つためにも三日に一回くらいがちょうどいい、と。

私にとってはこのときが初めての育児だったので、そういうものかと自然に受け入れましたが、驚く方もきっといるでしょう。なぜなら日本では、「赤ちゃんの沐《もく》浴《よく》は原則として毎日」と指導されるのが一般的だからです。

たしかに、とくに日本の夏は湿度が高く肌がベタベタします。夏なら原則として毎日お風呂に入れてあげたほうがよいでしょう。

しかし湿度が低い冬場はどうでしょうか。毎日無理なく入れてあげられるならそれに越したことはありませんが、「毎日入れないと明らかに健康によくない」ということはないのです。それでも「病院で、お風呂には原則毎日入れなさいといわれたから」と、無理してがんばっている方は少なくないでしょう。

お風呂に毎日入らなければと思いながら入るなら、自分で自分の基準を上げていることも考えられます。「それはどうしても必要なこと？」と一度自分に聞いてみるのもよいかもしれません。もしかしたら自分が早めに就寝したり、子どもたちが早寝早起きをするほうが、健康的かもしれないのですから。

「これはこうするもの」という基準を勝手につくって、それに縛られてはいませんか。仕事や普段の生活のなかには、意外とそういうものが少なくありません。

「食事は手間暇かけなくちゃダメ」「掃除機は毎日かけるもの」「これは自分じゃないとできないこと」……**自分の思い込みや他人の目が勝手につくった基準に、大切な時間を奪われていませんか。**

そんな思い込みをひとつ解除できれば、そのルールが奪っていた時間が新たに生

まれます。その積み重ねが、「やりたいことをやる」時間を生むことにつながるのです。

✻中途半端でもかまわない、と開き直る

「中途半端にやることは、やっていないことと同じ。やり始めたらちゃんと最後までやらないと！」自分にこういい聞かせたくなる場面は日常のいたるところにあると思います。

でも、「完璧にやらなきゃ」という思い込みを手放して「中途半端でいいんだ！」と発想を転換してみると、いろいろな「足がかり」ができることは多いものです。

やりたいことがあるけれど時間がない。新しいことを始めたいけれど時間がない。こんなときは、「中途半端でかまわない」「小規模でもかまわない」とあえて開き直ってしまうのです。

誰にでも「自分の行動に対する自分だけの点数表」というものがあると思います。たとえば仕事や家事はここまでできたら一〇〇点、ここまでしかできなかったら六〇点というように。

その点数基準は人によって異なりますが、何か行動を起こすときにその基準を少し下げてみるのです。満点でなくても七〇点くらいとれればいいや、くらいに考える。場合によっては五〇点でもいい、やらないよりはずっとまし、と開き直る。これだけはどうしても譲れないというもの以外、自分に甘くなるのです。一〇〇点満点をめざすことをやめるのです。

という私も、かつてはあらゆることに一〇〇点満点をめざす「優等生」でした。たとえば子育てにしても、自分たち夫婦の手でしっかり育てて初めて、子どもたちはまともに成長するという、少々思い上がった考えをもっていました。自分たちの手で立派に育てよう、と。

しかし、長女が喘息を患い入退院を繰り返すようになって、自分たちだけではとても手がまわらないことを痛感しました。ベビーシッターさんなど他の人の手を借りるようになり、かえって子どもも私も心穏やかになって笑顔が増えた頃、「子育ては自分たち夫婦で完璧に」という考えを手放したのです。

自分たちだけでやろうとするのは無理、とくに仕事のある平日は人様の手を借り、いろいろな考え方、いろいろな大人たちや子どもたちに触れてもらおう。そのかわり休日は思い切り一緒に遊ぼう、そう思うようになりました。人によってはそれを「中途半端」と見るかもしれませんが、これが私の「マイルール」と開き直ったのです。

✽勉強会に「始めの四〇分だけでも」参加

中途半端をよしとする。始まりの一歩、足がかりとして「中途半端ながらもとりかかれたこと」に目を向ける。そうすると、自分もうれしくなり、いいサイクルがまわって、次のやりたいことや新しいことにチャレンジしやすくなる、と感じています。

当時、一九時から二一時まで開かれる「新しい働き方」に関する勉強会がありました。気になるテーマだったのでぜひ参加したいと思いましたが、時間の都合がつけられません。その日は、大学生のシッターさんに子どもたちを保育園へ迎えに行ってもらう日でしたが、シッターさんは二〇時には帰ってしまいます。夫の帰りはもっと遅くなります。私はどうしても二〇時までには家に着く必要がありました。

でも、私はその勉強会に出席しました。「勉強会が開かれる会場から家までは、タクシーに乗れば二〇分で帰れる。ということは、一九時四〇分までは勉強会に出られる！」と考えたのです。

実際に勉強会に出られたのは一九時から一九時四〇分の四〇分間だけ。全部で二時間の勉強会ですから、私はその半分も出られていないわけです。たしかに内容の面では中途半端だといえるでしょう。しかしそれでも、四〇分間分の収穫はありました。まったく出なかったよりは、確実に手にしたものがあったのです。

最初から最後まで完璧に出られる勉強会に絞っていたのでは、出席のチャンスはなかなか巡ってこないでしょう。学びもゼロになってしまいます。しかし「中途半端でもかまわない」と開き直れば、得られるものがあります。

また、友人同士の会話で「今度うちに遊びに来てくださいね」といいつつ、なかなか実現しないということはありませんか。

私はこんなとき、休日のどこか二時間か三時間でも空いている日はないか、と考えます。たとえば日曜日の午前中だけ、あるいはお昼前後の二時間、というふうに。

友人を家に招くなら、丸一日もしくは半日は時間を空けて部屋の掃除もお茶の準備も完璧にしてから、と考えるとなかなか実現には至りません。**そこでここでも**

「ささやかでもいい」「小規模でいい」と考える。すると案外スムーズに約束が成立します。わずかでも楽しいひとときを手に入れられるのです。

中途半端はダメ。ちゃんとやらなきゃ。ときにはそんな縛りを解除することで自由が増え、成長への一歩を踏み出せる場合があるのです。

✻「こうでなくちゃ」の基準を下げて得られるもの

「穂波さんは料理をしないんですね！」

取材してくれた方に明るくこういわれて、少し戸惑いました。

月曜日と木曜日の夕食はサポーターさんに作ってもらい、火曜日と金曜日はその残り物を食べて、水曜日は本当に簡単なもの（生協で注文した電子レンジで温めるだけのシュウマイや魚のフライなど）を用意するか、近所のファミリーレストランで済ませてしまうこともある、と話していたときでした。

たしかに「料理をしています！」と胸を張ってはいえないかもしれないなあ、いや、でもまったくやらないわけではないのよ、今朝もりんごの皮をむいたし、魚も焼いたし。ああ、でもこの程度では彼女にとっては料理とはいわないのかな、などの思いが頭のなかをぐるぐる……。

そして気づいたのです。**私の「料理をする」という基準がとても低いことに。**

家事の基準は人それぞれです。たとえば部屋の掃除なら、とりあえずパッと見た感じで散らかっていたり、汚れていなければよしとする人もいれば、床の拭《ふ》き掃除までやって隅々までピカピカ、窓ガラスやサッシの部分もきれいでなければ気が済まないという人もいます。

料理に対してもすべて一から手作りし、一汁三菜をこしらえてこそ料理という人もいれば、買ってきたお刺身をお皿に並べて、冷凍食品を電子レンジでチンするだけでも料理、という人もいるでしょう。

私の場合、食事に関してはひとつだけこだわりがあります。それは、子どもたちにはできるだけ野菜、豆類、魚を中心にした和食を食べさせたい、ということ。

これを強く感じるようになったきっかけは、アメリカでの留学生活でした。

留学中、日中は、三人の子どもたちを保育園に預けていたのですが、この保育園で見た現地の子どもたちの食生活が、私にとってはカルチャーショックだったのです。

まず、保育園の部屋の片隅に「BREAKFAST」というかわいい文字で飾られたコーナーがあり、毎朝そこにシリアル、ミルク、お皿、スプーンがセッティングされていて、登園した子どもたちがすぐに食べられるようになっています（アメリカでは三カ所の保育園にお世話になりましたが、三カ所とも同じでしたので、アメリカでは保育園で朝食を出すスタイルが一般的なようです）。

このあと、午前のスナックという時間があり、ワッフル、パンケーキ、クラッカーなどが出てきます。

ランチは園児がそれぞれ持参しますが、それもほとんどがりんご、サンドイッチ、マカロニ&チーズ、割けるチーズ、カップ入りアップルソース、ゼリー、グリーンピースとコーンを混ぜたものといった、私の感覚からするとおやつのようなものばかり。

午後には再びスナックタイムがあり、また甘いお菓子などを食べます。

アメリカでは、高度の肥満、心疾患、糖尿病などの増加が社会問題になっていますが、保育園の子どもたちの食生活を見て「これでは仕方ないかもしれないな」と思わずにはいられませんでした。そして、野菜、豆類、魚を中心にした和食というのはバランスのとれたすばらしいものなのだ、と改めて感じたのです。

というわけで、私に食事のこだわりがひとつあるとすれば、子どもたちにはできるだけ和食を食べてもらいたい、ということ。

しかし、きちんと作ろうと思えば時間がかかります。仕事から帰っていざ作ろうとしても、おなかをすかせた子どもたちは長時間待ってくれないでしょう。

そこでとことん人の手を借りてサポーターさんに作ってもらい、そのときに「和食中心で」とリクエストしておくのです。これで、子どもたちに和食を食べさせられるし、自分の時間も節約できます。私にとってはまさに一石二鳥なのです。

13 家事は「フィフティ・フィフティ」に分担しない

✻夫を「教育」するよりラクな方法

夫婦の間で問題になりがちなのが、家事の分担についてではないでしょうか。

総務省が公表した「平成二八年　社会生活基本調査　夫と妻の家事関連時間」に、次のような記載があります。

六歳未満の子を持つ共働き世帯における妻の一日の平均家事関連時間は三七〇分（六時間一〇分）、夫の家事関連時間は妻の就業状況による差はないものの、二〇〇六年から二〇一六年にかけて六〇分弱から八〇分前後に微増。

同じく六歳未満の子どもがいる世帯で、夫が仕事をしていて妻が専業主婦の場合、妻の一日の平均家事関連時間は五六五分（九時間二五分）、夫の家事関連時間は約七五分。

この結果を見ると、「フェアじゃない！」という妻たちの声が聞こえてくるような気がしますが、きっと夫たちにも、「仕事が忙しすぎて時間が取れない」「これでも頑張っているのに、いざやろうとすると、いろいろ注文がつく」などの言い分があるでしょう。

そして結局、互いの意見は平行線のまま、夫も妻も互いにイライラが募るだけ、という場合も少なくないと思います。

だったら、もう最初から家事の分担にはこだわらない、という方法もあります。

我が家の場合、現在夫は食後の食器洗い、洗濯、風呂掃除、ゴミ捨て、保育園の連絡帳の記入などをします。朝食は自分でご飯をよそい、おみそ汁を温めて食べていきますし、スーツやワイシャツなどクリーニングが必要なものはクリーニング店に自分で持っていき、引き取りにも行くといった感じで、基本的に自分のことはすべて自分でこなします。

私が仕事をしつつ、子育てもして、留学のための受験勉強ができたのはこんな夫の生活力のおかげと心から感謝しています。

宇都宮に住みながら銀座のクリニックに通勤するなか、長女が喘息にかかり、夫も仕事の都合がつけにくかったため、サポーターさんに助っ人をお願いし始めたのは先述したとおりです。

この間も夫は家事や育児の時間を増やすよう、最大限の努力をしていましたが、その時間は限られたものになります。

自分のことは全部自分でやり、私がやりたいことも最大限に理解し協力してくれる。そんなありがたい夫とわかっていながら、それでもサポーターさんにお願いする前は、家事の負担は私のほうが大きいと感じ、イライラしていたときもありました。

そして気づいたのです。**私がイライラした原因のひとつは、夫と自分の負担を比較していたことだったのです。**

✤互いの持ち分を減らしてストレスダウン

たしかに夫もよくやってくれている。でもやはり私のほうが負担は大きい。なぜ私ばかりが大変？　以前は、そんな不公平感でいっぱいになっていました。

気持ちのどこかで、夫にもっともっと家事や育児をやってもらおう、「フィフティ・フィフティ」に持ち込もう、という思いがあったのでしょう。

ここで、夫の家事や育児の割合をもう少し増やしてもらう努力をする、という方法もあります。上から目線でいわせてもらえば夫を教育する。

しかしそれは時間がかかり、根気も要ります。そもそも、夜勤が多い、出張が多いなど配偶者の仕事の形態によってはどうしようもないケースもあるでしょう。

現実的に夫の分担割合を「五割」にするのはむずかしい。夫婦ふたりで完全に平等に家事・育児を分担しようとすると、その思惑はかなわず、一層イライラするでしょう。

誰しも、自分の時間は限られています。人生の大事な時間をこういう悩みに費やしているのは他でもない自分。それに気づいてからは、家事を人任せにするのが苦にならなくなりました。

私がやるべきことの一部を人にやってもらうようになって何よりよかったのは、自由になる時間が生まれたことですが、同時に気持ちもグンとラクになったこと。

家事と育児の総量が一〇だとしたら、現在夫はこのうちの三を、私も三をやって、残りの四はサポーターさんがやってくれています。つまり、家事の分担を「五対五にする」という考え方ではなく、私の持ち分を「三に減らして」「三対三」にすることで、互いの負担をなるべく「ならして」いるのです。

「夫が家事をやってくれなくて」と聞くと、私はいつもこの話をします。ふたりで何もかもやろうとせず、抱え込まず、お互いが無理なくできるところだけをやって、あとはアウトソーシングすればいいんじゃない？　と。

不公平感が解消されると心が軽くなり、自分の「三」の部分に心をこめて向き合うことができるのです。

✿「その分できること」に心をこめる

サポーターさんに作っていただくおいしい料理。でもそれだけで、家族の人数分の毎日の食事がそろうわけではありません。

おかずは残り物でなんとかなるけれど、おみそ汁は残っていないから作ったほうがいいよね、朝だからご飯と納豆だけでもいいけれど、くだものも用意しようか、と、自分の「三」の部分では愛情をこめて用意するようになりました。

一から一〇まで全部私の手作りでというのは無理だけれど、他人から見たら、おみそ汁を作るだけ、りんごの皮をむくだけではとても母親の料理とはいえないかもしれないけれど、そこに心をこめる。

「でも、私の料理に対する基準がこんなに低いおかげで、人に頼れるし、その人も誰かの役に立ってうれしいし、時間も生まれるというプラスもあると思うんだよね」と、私がこの一件を友人に話すと、友人は、「たしかに私は何から何までちゃんと自分でやらないと、って自分で自分を縛っている部分があるかもしれない。もっと力を抜いてもいいのね」といっていました。

もちろん、料理をしないことをすすめているわけではありません。毎日の料理、食事にどれだけの時間や手間をかけるかは、その人の考え方と状況によるでしょう。でも、もし自分で自分を縛っている部分があるなら、それを部分的にでも解除することで、新たな視点と時間が生まれる可能性もあるのです。

また、「料理くらい親がやらなければ」というルールを守るために、子どもを待たせながら必死に料理をする。食べ始める時間が遅くなるために、せっかく作った料理もせかすようにして子どもたちに食べさせる、ということもあります。

それならいっそルールは捨てて、誰かに料理を作ってもらう。そして空いた分の時間でゆっくり子どもと食事を楽しむ。イライラせず、笑いながら食事をする。そのほうがずっと豊かな時間を過ごせる、とも思うのです。

単なる時間節約ではなくて、限られた時間をいかに豊かなものにするか。その考え方が、時間密度を上げ、高い時間バリューを生む。

低い基準の「マイルール」で生きることで、自分の「自由」が手に入るとしたら、試してみたくなりませんか？

14 「頼る＝迷惑をかける」という発想を捨てる

✼頼るときの「気持ちの壁」はこう越える

人の手を借りるときに意外と大きな障害となるのが「気持ちの壁」です。越えるのが困難なのは、経済的負担よりも「気持ちの壁」かもしれません。

「とにかく人様の手を借りなさい。家事代行の会社やベビーシッターの会社に電話をしてみなさい」と母にいわれたとき、私が真っ先に感じたのは、**「家のことを他人に頼むなんて……」**というものでした。この気持ちが心にひっかかり、受話器をとることを躊躇しました。

それでもこのときは、もうそれ以外方法はないという切羽詰まった状況だったので、思い切って電話をすることができました。

結果的に淳子さんや明美さんというすばらしいサポーターに出会え、ずいぶん助けられた今になって思うのは、「あのときの私はつまらない偏見をもっていたな」ということ。

よく考えると、「家のことを他人に頼むなんて……」という思いは実は表向きのもので、**その裏には「誰にも頼らず仕事と子育てを両立させている人はまわりにたくさんいる。それができない自分は恥ずかしい」という本音がありました。**

また「病院の付き添いを他人に頼むのは、子どもがかわいそうでは？」という思いもありましたが、本音は「病院の付き添いを他人に頼むなんて、私はまわりから母親失格と思われるのでは？」というものでした。

「人に迷惑をかけないように」と周囲からいわれてきた私の刷り込みがじゃまをしていたにすぎないのです。

助けてもらおうとするとき、たとえば洗濯、掃除、夕食の準備などを誰かにやってもらいたいと思うとき、「そもそも自分の家の家事を他人にやってもらうのはどうなの？」「部屋が汚すぎて他人に見られるのは恥ずかしい」などと思いませんか。

これらも結局、「自分の家のこともまともにできない人間と思われるのが嫌だ」

「あまりに汚い部屋だとだらしないと思われるから嫌だ」と、他人からどう見られるかを気にしているにすぎないのです。

思い込みにじゃまされて誰も頼れず、結局何もかも自分でやってどんどん時間が奪われていく。これは実にもったいない、と思います。

では、どうしたらこの「気持ちの壁」は越えられるでしょうか。

そのコツのひとつが、「自分ひとりではできないんだ」と開き直ることだと思っています。「仕事も家事も育児も全部自分で完璧になんてできないよー！　私はそんなにすごい人間じゃないよー！」と明るく開き直るのです。

ありとあらゆる人の力を借りて、やっと毎日を回していけるんだ、そう割り切ってしまうと、素直に誰かに「助けて」といえます。「自分ひとりではとてもできないので、手を貸してください」とすんなりお願いできる。人の力を借りることに抵抗がなくなるのです。

そのほうが自分にしかできないことに集中して、結局は何倍ものことができる。プラスの結果を生み出すために、あえて自分の弱みを見せ、開き直ってみるのです。

✿人はもともと、誰かに頼られるとうれしい生き物

人を頼ることは、その人の「人助けをしたい力」を引き出すこと。

これを知っておくと、誰かを頼ることへの抵抗がグンと少なくなる、と思います。

先日、近所の図書館で借りてきた『まあおばあさんありがとう』（童心社）という紙芝居を子どもたちに読み聞かせながら、しみじみ思いました。やっぱりそうだよね、誰かの世話になることは、その人に対する人助けだよね、と。

その紙芝居の主人公は、まあおばあさんの飼い猫です。猫は、最近まあおばあさんに元気がないことを気にしています。なんとか元気になってもらう方法はないかと、猫はフクロウのおじいさんのもとへ相談に行きます。するとフクロウのおじいさんがいうのです。

「心配されるより、心配するほうが元気になるんだよ」

そこで猫は、仮病を使っておばあさんを心配させます。猫の体調を心配したおばあさんは必死で猫の看病をし、どんどん元気になるというお話でした。

この紙芝居を読みながら、私は我が家を長い間助けてくれた、シルバー人材セン

ターから派遣されたイノセさんを思い出しました。

イノセさんは、私が留学を終えて東京に引っ越してきてからお世話になっていた方で、明美さんと同じように週に二回、我が家に掃除、洗濯、夕食の準備をしに来てくれていました。イノセさんには一年半ほどお世話になりましたが、ご主人が体調を崩されたためにこの仕事を辞めざるをえなくなってしまったのです。

このときイノセさんが「私が作った料理をおいしいといってもらえるのは本当にうれしかったんですよ。お子さんたちの小さな洋服をたたみながら気持ちが癒やされていました。なので辞めるのが本当につらいです」とおっしゃってくださいました。

『まあおばあさんありがとう』のフクロウのおじいさんの、「心配されるより、心配するほうが元気になるんだよ」の言葉が重なります。

そして思いました。

ああ、そうか、**人は誰かに頼られることで、元気になることがあるのだな**、と。

自分のことを振り返ってもたしかにそうでした。

「穂波さん、ちょっとお願いしたいことがあるんですけど」

「穂波さん、相談にのってほしいことがあります」

こんなふうにいわれると、私はすごくうれしくなってがぜん張り切ります。「お役に立てることがあればなんでもします！」という気になるのです。

✻「お願いごと」は信頼の証

人には誰でも、自分のことを認めてもらいたいという承認欲求があります。

「いつも本当によくがんばっていますね！」

「何事にも一生懸命取り組んでいますね！」

そんな言葉がその人の承認欲求を満たすことは少なくないですが、**具体的に何かを頼むこともその人を認めることになる**、と私は思うのです。

たとえば一時的に自分の大事な子どもやペットを誰かに預けなければいけないとき、その誰かは信頼できる人でなければ困ります。最低でも子どもやペットが安全に過ごせ、できれば気持ちよく過ごせる人であってほしいと思うでしょう。

つまり「子どもを預かってほしい」「ペットを預かってほしい」とお願いすることの裏には、「あなたを信頼していますよ」「あなたは大事な存在ですよ」という最高の承認メッセージがこめられている、と思うのです。

私が「穂波さん、ちょっとお願いしたいことがあるんですけれど……」などといわれると喜んで話を聞くのも、認めてもらえてうれしいという思いがあるからでしょう。

仕事と勉強の両立、あるいは仕事と子育ての両立のコツはなんですかと聞かれると、私は「どんどん人の手を借りることです！　人に助けを求めることです！」と必ず答えます。その私ですら、新たに誰かを頼るときには少し躊躇してしまう場合があります。

そんなとき、「いや、ここは躊躇している場合じゃない、人を頼ることは人の優しさを引き出していることにもつながるのだから。相手にとっても人から頼られることは気持ちのいいことのはず！」と開き直るのです。

これは、逆の場合も同じことがいえます。

お願いごとをされたら、それはこの仕事や用事を、他の誰かではなく、自分にお願いをしてくれた、**つまり自分が「役に立つ」と見込まれたということ**。

「お願いごと」は信頼されている証《あかし》。忙しいのに……と後ろ向きにとらえるのではなく、「信頼の勲章」とうれしく受け取るといいと思います。

15 小さな気持ちのやりとりには時間を惜しまない

✿開き直ってでも身につけたい「受援力」

いかに気持ちよく頼るか、同時にいかに気持ちよくサポートを受けるか。**人を頼るとき、「人に力を借りることは、人に迷惑をかけることではない」という発想の転換がカギになります。**

では、いい関係を保ちつつ助けてもらう、上下関係ではないフラットな助けられ方はどんなものでしょうか？

このことを強く感じたのが、私がハーバード公衆衛生大学院での留学を終えて帰国した翌年の二〇一一年三月一一日に起きた東日本大震災のときでした。

私は宮城県石巻市に災害ボランティアに行ったのですが、このとき「助ける人」

と「助けられる人」の間に気持ちのミスマッチが起きている現場にいくつも出合いました。たとえば私は産婦人科医として力になれることがあると信じて被災地に向かいましたが、当初は私の助けを必要としてくれるであろう妊婦さんたちを見つけることができなかったのです。

普段、人のお世話をしてばかりいる被災地のお母さんや妊婦さんたちは「申し訳ない」という遠慮のため、自分のほうから人に何かを頼むことができませんでした。

私はこのボランティア活動のなかで「受援力」という言葉を知り、助けを求める力、サポートを受ける力というのも、開き直って身につけたほうがいい「能力」なのだと痛感しました。

✿「交換ノート」でサポーターさんとやりとり

気持ちよく人を頼り、また人からサポートしてもらうための工夫、そのひとつが、私の場合は「交換ノート」です。

我が家の場合、夕食の準備や部屋の掃除などをどなたかにお願いするのは、平日の日中、つまり留守中です。あらかじめ家の鍵を渡しておき、鍵を開けて家に入ってもらい、終わったらまた鍵を閉めて帰っていただくようにしています。サポーターさんと直接顔を合わせることはほとんどありません。また仕事から帰ってから電話で話す、という時間もなかなかとれません。

そこで「交換ノート」でコミュニケーションをとるようにしています。たとえば、お世話になったイノセさんとの、ある日のやりとりは次のようなものでした。

1月4日（金）

あけましておめでとうございます。今年もよろしくお願いいたします。本日我が家で黒豆を煮ました。またお友達に築地の卵焼きをいただきましたので、置いていきます。どうぞ召し上がってください。

かわいいお子様たちには、お年賀のタオルを持ってきました。お子様たちにさしあげてください。

また、主人の体調が悪くなり入院することになりました。次回からは、時間は合間を見て来ますが、それでよろしいでしょうか？

イノセ

1月7日（月）

いつもありがとうございます！　ご主人様心配ですね。時間はイノセさんのご都合にお合わせください。

タオル、子どもたちは、とてもとてもとても喜んでいました！　さっそくお礼状を書いていましたので（文字は次女です）、どうぞ。

黒豆と卵焼きもおいしかったです。ごちそうさまでした。

昨日は家族で両国の江戸東京博物館へ行きました。和風が好きなので、いつもいただくお食事も煮豆もありがたいです。

吉田

「交換ノート」には事務的な連絡事項だけでなく、必ず感謝の一文と具体的なほめ言葉、そしてちょっとした出来事、感想なども書くようにしていました。

相手をねぎらい、人間的な心の交流をはかるのが、受援力の楽しい「おまけ」です。

また、要望があるときは次のように書きました（ちなみにこの日は夫が書きました）。

10月25日（木）

いつも大変おいしくいただいております。ありがとうございます。

最近、体重が増えてきております。料理は、油の料理を少なくしていただけましたら幸いです（油を使った料理を少なく、ないしは料理に使う油の量を少なく）。

どうぞよろしくお願いいたします。

吉田

10月29日（月）
今月も今日で終わりですね。早いですね。

本日は油を使わないような品ばかりにしておきました。いかがでしょうか？
イノセ

11月1日（木）
今日もありがとうございます！　今年もあと2カ月で終わり、早いですね。
先日のさっぱり食、とても好評でした。夫も喜んでいました。お心遣い、ありがとうございます。これからも、焼く、蒸すなどさっぱり料理でお願いします。
吉田

このように、要望は一方的に「こうしてください！」とは書きません。**何か注文がある場合はユーモアに包んだりしてその旨を伝えます**。

あるとき、「子どもの洗濯物をたたみ終わったら、それを子ども別に分けてくれると助かるのですが……」と書いたことがありました。

けれど「どの服がどの子のものなのかを判断するには時間があまりにかかってし

まうので、できれば勘弁してもらいたいのですが」というお返事をもらいました。しかしたしかに子どもの服はどれも小さなサイズで、そのサイズも似たり寄ったり。しかもすべて女の子用。親の私でもときどき間違えるので、これは仕方ないなとあきらめました。

人の手を気持ちよく借り続けるためには、手を借りる側は明るく正直に「してほしいこと」と「してほしくないこと」を明確にすること。手を貸す側が「できること」と「できないこと」をいいやすくする工夫も大事でしょう。

といっても業者と顧客のような割り切った関係ではなく、互いに思いやりをもった人間的な交流のなかでそれを行う。

そしてその関係を築くためには、手を貸す側と借りる側の小さな気持ちのやりとりが不可欠で、そのためのツールのひとつが「交換ノート」だと思っています。

✽感謝の気持ちは「具体的に」表す

気持ちよく人の手を借りて、同時に気持ちよく助けてもらうための基本中の基本のこと。あたりまえすぎるほどあたりまえのこと。でもだからこそ、きちんと、心をこめて行いたいのが、**助けてくれる人に感謝の気持ちを表すこと**です。「ありがとう」という言葉は、いっていいすぎるということはない、と私は常々思っています。

先の「交換ノート」を私が書くときには、必ず「いつもありがとうございます！」から始めました。我が家をサポートしてくれる方と直接顔を合わせる機会があるときには、心をこめてお礼をいいました。

しかし「ありがとうございます」だけでは、何か物足りない。

実際、家事のサポートをしてもらえることで、私はとても助かっていたし感謝もしていました。

たとえば、私が宇都宮に住みながら銀座のクリニックに勤務している当時、明美さんは家事をしながら熱を出した子どもの面倒を見てくれるときがありました。

小さな子どもは急に熱を出します。働く母親にとって、それは冷や汗もの。すんなり仕事を休めればいいですが、大事な会議、プレゼン、来客の予定などが入っている場合には、すんなりとはいきません。

毎日診察の予約がびっしり入っていて、欠勤となれば、代替の先生を探してお願いしなければなりません。患者さんにも代替の先生にも迷惑がかかります。

そんなとき、明美さんの「大丈夫。今日は私が面倒を見ますよ」のひと言がどんなにありがたかったか。とても「ありがとうございます」だけでは足りませんでした。

そこで、せめて感謝の気持ちをと思い、明美さんにはよくお土産《みやげ》を買って帰りました。仕事場からの帰り道で、ちょっと家庭では作れないような本格的な中華料理のテイクアウトやお菓子などを買うのです。

そしてそれを渡しながら、明美さんのおかげでその日にどんな仕事ができたかを報告するようにしました。こんな患者さんがいた、こんなオペがあったなど、明美さんの協力のおかげで私だけでなくたくさんの人が助かったことを話すようにしたのです。

さらに、明美さんには私の母が年に一度ささやかなボーナスを渡してくれました。母は上京した際に何度か明美さんと顔を合わせ、その仕事ぶりを見て、彼女の家事能力の高さとそのおかげで娘がどれだけ助かっているかに感心したようで、感謝の気持ちを表さずにはいられなかったようです。

私に「人の手を借りなさい」と教えたのも母でしたが、同時に**助けてくれる人への感謝は惜しみなくするものだ**ということも、母から教わったように思います。

❇ 思い込みを手放せば、時間が生まれる

この章では、私自身が、自分の常識や思い込みを手放すことで、時間を生み出し、やりたいこと、やるべきことに力を注げるようになった秘訣《ひけつ》をお伝えしてきました。

時間がないなかでも私がやりたいことを実現できているのは、私に超人的な能力や努力があったからではありません。紆余《うよ》曲折、試行錯誤、暗中模索……でも、周囲の力を借りることができたから、なんとかここまでやってこられた。

周囲の理解と協力がなかったら、目標の実現どころか、それに向かって努力することすらできなかったでしょう。それが正直な実感です。

人の力を借りることのよさは、ただ単に自分がこなすべきことを減らして、エネルギーを集中させるということにとどまりません。

誰もが助け、助けられるという、どちらの立場にもなりうる存在であることを思

い出させてくれ、社会において、身近なコミュニティにおいて、自分が誰かの大切な存在であることを強く意識させてくれます。

助けてもらうことは、迷惑をかけることではない。その人の優しさや力を引き出すことにつながる。自分の目標は、力を貸してくれた人の応援やパワーを取り込んで勢いのあるものに成長し、その実現が、彼や彼女らへの恩返しにもなるのです。

第3章

時間を味方につけて、集中する

16

「最初の一歩」をまず踏み出して、あとは「からだ」で波に乗る

✽いちばんエネルギーがいるのは最初の一歩

とにかく手足を動かして、一歩を始める。

その最初の一歩には大きなエネルギーが必要ですが、そのあと、それを続けていくときには慣性の法則と同じように、小さなエネルギーしか要りません。

これを私の研修医時代の先輩医師は「静止摩擦係数は、動き始めてからの動摩擦係数よりも大きいからね」といっていました。私が何事にもとりかかるのが遅くて……とぼやいていたときにもらったこのひと言が今でも心に残っています。物理的にも、動き出す直前にかかる力がいちばん大きいのです。

気づけば、留学準備も、被災地支援も、現在進めている研究も、まずは当たって

砕けろといわんばかり、準備もそこそこにまずは飛び込む、まずは一歩を踏み出す、というやり方をしていたことに気づきます。

新しく何かを始めるときというのは、ある種の勇気が必要です。躊躇《ちゅうちょ》してしまう場合も少なくないでしょう。

そんなときこそ、「動き出してしまえば、あとはラクに進める」——そう私は自分にいい聞かせるのです。

加速がつけば、思いがけないこともできる

とにかく手足を動かして一歩目を踏み出してみると、二歩目は一歩目よりもラクに進められることに気づきます。自転車も、こぎ始めこそ負荷がかかりますが、二こぎ、三こぎとするうちにどんどんラクになり、スピードは加速していきます。

何か新しいことを始めるときも、その場にとどまったまま入念な準備をして、ある程度の知識を身につけてから始めようと考えるのではなく、とにかく始めてしまう。新しい世界にとにかく飛び込んでしまう。

そこにはさまざまな難関があるかもしれませんが、その都度「ああでもない」

「こうでもない」と対処していく。現場に飛び込んだからこそ見えてくる問題点もあるでしょう。それにもからだを動かして対処していく。するとどんどん加速がつき、自信がつき、ずっと早く多くのことを吸収できると思っています。

もしかすると、これは大人には意外とむずかしいやり方かもしれません。子どもはまずやってみる、というのが得意ですが、大人は機械をいじるのも、何かを勉強するのも、「取り扱い説明書を読んでから」「詳しい人に聞いてみてから」などと考えてしまう。失敗を恐れて、手を動かす前にいろいろ考えすぎてしまうのです。

私もたまに、考えすぎて新しいことへの挑戦を躊躇してしまう場合があります。でもそんなとき、もうひとりの自分がいうのです。

「失敗したっていいじゃない！」

何か大事なものと引き換えに新しいことを始めるなら別ですが、単純に新しいことを始めるとき、それで仮に失敗したとしても何も失うものはないのです。

失敗したとしても、失敗したという経験値が増えるだけ。減るものは何もない。

そう考えれば、新しいことへの挑戦もグッとやりやすくなると思います。

いちばんむずかしいのは最初の一歩。とっかかりのひと踏ん張り。でも、そこさえ踏み出してしまえば、あとは加速がついて、どんどん楽しくなるのです。

✿「途切れ途切れで、あたりまえ」と腹をくくる

人は常に、多くの「やりたいこと」と「やるべきこと」を抱えています。

やるべきことばかりを優先させていたら、やりたいことはなかなかできません。やるべきことはエンドレスに生じてきますから、やるべきことが終わってからやりたいことをやる、となるとなかなかやりたいことには着手できません。

大切なのは、やりたいこともやるべきことも、どちらもセットで同時並行でやる。どんな小さな一歩でも、まず踏み出すこと。ペダルに足をかけ、こぎ続けること。

これがやりたいことを実現するコツだと思います。

そのための大切な考え方は、**「中断しながらで、あたりまえ」**と思うこと。

たとえば「今日はここまでやろう」と決めていたことができなかったとしても、「途中までできた」「少しでも進んだ」と発想を転換することです。

ハーバード留学のための受験勉強は、平日は早朝の三時から六時までの間と、通

勤中の往復三時間にしていましたが、週末は図書館での時間が貴重な勉強時間でした。

週末になると、午前中から家族四人で近所の図書館に出かけます。当時三歳だった長女は、夫が絵本コーナーなどで遊んでいてくれました。その間、私は当時一歳の次女をおんぶしながら自習室で問題集を解いていました。

とはいっても、次女がずっとおとなしくおんぶされているわけではありません。少したつと足をバタバタ、手をバタバタさせて、「あー」とか「うー」とか声も出し始めます。まわりの人にも迷惑になるので、単語帳などを手に持ちつつ館内をブラブラ歩き、子どもの気をまぎらわせます。

落ち着いてきたら、再び自習室へ。そうこうするうちに、長女が「ママー、おなかすいたー」とやってくる。図書館を出て、近くでおにぎりやパンを買い、公園で食べます。おなかが満たされると長女は駆け回り、次女はハイハイでしばらく遊びます。

そして再び図書館へ。引き続き夫が長女の面倒を見て、私は自習室へ行きます。次女は背中でウトウトと昼寝を始めるのでチャンス、ここぞとばかり気合いを入れて問題集に取り組みます。

このように「週末の勉強は図書館で」といっても、実際は中断に次ぐ中断で、勉強は断続的にしかできませんでした。

それでもあきらめないのが続けるポイントだ、と思っています。

途中でどんなにじゃまをされても「少しでも進んだ」ということを励みにするのです。子どもは遊びたいのがあたりまえ。もともと一日中子どもにつき合っていてもおかしくない休日なのですから、少しでもできたらラッキーと考える。

たとえ中断しても「ああ、もうやめた！」と匙《さじ》を投げない。中断せざるをえないときはあっさりと引き、続行する機会を見計らって、またチャンスがきたらサッと再開するのです。

とくに勉強や読書などは、まとまった時間に集中したいという気持ちになるものです。でもそこにこだわっていては、なかなかやりたいことはできません。

「途切れ途切れであたりまえ」と思っていれば、一回の進み具合がほんのわずかでも「まあ、いいか」となります。また、続行する機会をめざとく見つけられるようにもなります。

たとえば読みたい長編の小説があるとしましょう。まとまった時間ができたら読もうと思っていても、なかなか読めません。そこで、電車を待つ間の数分、寝る前のほんの数分などにとにかく本を開いてみる。たとえ一ページだけだとしても読み進める。

進み方は遅々としていても、「いつかまとまった時間ができたら」と思っているよりはずっと早く読み終えることができると思うのです。たとえ途切れ途切れであっても、続けていれば必ず何か得ることができます。

集中までの助走時間を究極に短く

実際、細切れだと集中しづらいのでは、とも思うかもしれませんが、私の場合は逆でした。

子どもが昼寝を始めると「これで一時間は集中できるかも」と期待します。しかし子どもの昼寝はとても気まぐれで、二〇分や三〇分で起き出してしまうこともあるのです。

最初の頃は子どもが思ったより早く起き出すとガッカリしていましたが、そのうち「いつ起き出すかわからない。とにかく今のうちに！」と思うと、集中までの助走時間がほとんどかからなくなってきました。

小さな細切れ時間にもすっと集中することができるようになり、また「できたこと」を小刻みで確認するようになると「もっとやろう！」「もっとやれる！」という小さな達成感が高まりました。

小さな細切れの時間にすっと集中できるようになると、毎日のなかにはこんなに細切れ時間があったのかと改めて気づきます。**自分の時間に対する意識が、ひとつ小さな単位へとシフトしたような感じです。**

一時間単位でやれること、やりたいことを考えていたのが、一〇分単位、五分単位、ときにもっと短い二、三分という単位に変わっていきました。

それら一〇分、二、三分、ときには一分を大切に使うようになると、日常にあふれる細切れ時間が、「よくぞ自分に気づいてくれた」とばかりにうれしそうに顔を出し、多くのことをこなせるようになったのです。

それはまさに「時間を味方につけた」という感覚でした。私は以前にもまして、時間の密度を上げることができるようになったのです。

17 「やるべきこと」を、一気に片づけようとしない

✻書類作成のアリ地獄に落ちないために

「やるべきこと」もまた、小さなステップでかまわないと思っているとうまく処理できることがあります。

たとえば私の場合なら、やるべきことの代表が「書き物」。仕事では出張の報告書や勤務表など、仕事以外では役所に提出する保育料決定のための書類や、保育園に提出する書類などがあります。この書類作成にかかりっきりになってしまうと、午前中半日、あるいは下手すると一日が、書類仕事で終わってしまうこともあります。

どんな仕事にも、書類の提出や書き物はつきものですが、それに時間を費やして

しまって他のデスクワークができないというのでは本末転倒。せっかくのまとまった時間を書類作成で潰してしまうのはもったいないですし、しっかり睡眠をとったあとの頭が冴《さ》えている早朝時間は、留学準備中はとくに私にとって貴重な勉強時間でしたから、なるべく留学準備にあてたいと思っていました。

とはいえ、どんな書類にも、その提出には期限があり、やらないわけにはいかない。

そこで、これらの書類はクリアファイルに入れて常に持ち歩きます。そして通勤時間や昼休みなど、ちょっと時間があるとファイルを取り出し、ちょこちょこと記入するのです。

たとえば、保育園関連の書類というのは、夫婦両方の勤務先の住所や電話番号、両祖父母の住所や誕生日など、手帳を開いたり、ときに電話で確認したりしないと埋められない項目も結構あります。一度ですべて書き終えようと思ったら、平気で三〇分や一時間かかってしまいます。

なので、私はここでも小さなステップが基本と考えます。

ちょっと空いた時間があったらファイルを取り出して、一行でも一項目だけでも

埋める。昼休みが終わってしまったら、「続きは電車のなかで書こう」と考える。

一度で全部を書き終えられるような時間ができたときに、と考えるとなかなか手がつけられませんが、**「まずは自分の氏名欄だけでもいいから」「一行だけでもいいから」と思うと手をつけやすくなります。**手をつけてみたら思っていたよりもずっと簡単に終えられる、ということがあります。

書き始めたからには一気に最後まで書き終えて、やるべきことをひとつでも終わらせて気持ちをスッキリさせたいという思いもありますが、この欲求を優先させてしまうと本当に「やりたいこと」をする時間がどこかに消えてしまいます。

細切れ時間を活用してやるべきことにあてると、まとまった時間をやりたいことのためにとっておけるのです。

✽通勤バッグには、はさみ、のり、手紙セットにホッチキスまで

ところで、この細切れ時間をうまく活用するためには、常に持ち歩くグッズも重要です。

小さなことですが、役所から届く、提出すべき書類と一緒に入っている返信用封

筒にはのりがついていない場合がほとんどです。以前、書類は電車のなかで書き終えたものの、のりを持っていなかったために封ができず、そのまましまい込んでうっかり投函《とうかん》するのを忘れてしまったことがありました。

できるだけ早く届けたいお礼状なども、せっかく急いで書いたのに八〇円切手（当時）がなかったために、出すのが一日遅れてしまったということもありました。

このような苦い経験を重ねるうちに、次第に鞄《かばん》に入れて常に持ち歩くグッズが増えてきました。

①クリアファイル（記入が必要な書類などを入れておきます）
②手紙セット（便箋《びんせん》と封筒、切手、友人などの住所が書かれたアドレス帳）
③筆記用具
④のり
⑤ホッチキスと針
⑥はさみ
⑦印鑑
⑧本（読んでいる本、これから読む本）

⑨iPad&iPod（主に英語の格言CDなどを入れていました。通勤途中や子どもたちが寝ている間に洗濯物を干すときなど、隙間時間を活用できます）
⑩スマートフォン（近年はこれで多くは事足ります）
⑪勉強道具（問題集など）
⑫動物の形をした輪ゴム（子どもと一緒に電車などに乗って子どもが飽きたときのため。電車でたまたま隣に座ったよそのお子さんがぐずっているときなどに渡してあげることもあります）
⑬ばんそうこう（ケガの応急処置のためもありますが、ときには子どものおもちゃ代わりに）

さらに仕事関係の書類や資料、お財布や携帯電話などが入るので、鞄は常にパンパンです。

「穂波さんの荷物っていつも重そうだね」とよくいわれます。

実際には出番のチャンスがほとんどないものもあり、「私の安心材料？」と思うときがなくもありませんが、「あ～、これこれ、あってよかった！」と思う瞬間があるから、どうしてもやめられないのです。

18

大人こそ自分の勉強机をもつ

✻「身体感覚」がパフォーマンスを左右する

勉強するときや頭を使う仕事をするときには、身体感覚にも気を配る。頭をスッキリさせる、頭の回転のよい時間帯にするなど、頭だけに気を使うのではなく、からだが心地よく感じるものにも配慮することが、勉強や仕事をより充実させるためにはとても大事なことだと思っています。

たとえば、ハーバードの教室や図書館、講堂は、どっしりとした大理石の入り口から重厚な椅子《いす》まで、こちらの気分を高尚なものにしてくれる雰囲気に満ちていました。ここでは「世界のためにいいことをしよう」「世界で初めての発見をしよう」という方向に気持ちが向きます。

最近のセミナーやワークショップでも、学びの「場」や「環境」が内容と同じくらい重要視されていると聞きます。これはその場で感じる身体感覚にも配慮されるようになった、ともいえるでしょう。

私も勉強や頭を使う仕事をするときには、身体感覚が大事だと思っています。そのひとつのこだわりは、自分専用の机です。

学生時代は自分専用の机をもっていても、社会人になってから、あるいは結婚を機に手放してしまったという人は多いかもしれませんが、私はずっと自分専用の机をもち続けています。これは夫も同様なので、我が家には常に夫と私の机がふたつあります。

今はマンションの一部屋を夫婦の書斎にしてそこに机を置いていますが、部屋数が少ないマンションに住んでいたときには、リビングの一角にふたつの机を並べていました。

毎朝、午前三時に起きて顔を洗うと、私は自分の机に向かいます。窓の外はまだ真っ暗で、静寂に包まれています。

椅子に座り、机のライトをカチャリとつけて背筋を伸ばします。家事や育児など勉強以外のことに追われているときでも、ここに座ると気持ちがキリッと切り替わり、からだのスイッチが勉強モードになる感覚があります。

「やる気」だけに頼るのは心もとないものです。机などの場をはじめ、習慣のなかにいくつかの切り替えスイッチをもっていると、やりたいことに対して自然なかたちで心とからだを向かわせることができます。

私の机は、心とからだのスイッチをオンにするきっかけのひとつ、といえそうです。

✿机は「自分の心の居場所」

ところで、私には思い出の机があります。それは、中学校に入学したときのお祝いに両親がプレゼントしてくれたものでした。

どっしりとした木製の机で、両手を広げたくらいの幅がある大きな机でした。顔を近づけるとふわっと木の香りが鼻を覆います。椅子も木製で、クッションのところには深い緑色のビロード生地が張られていました。

いかにも学習机といった風でなく、そこに向かうと自分の世界観が広がるような、想像力をかき立てられるような、「器」の大きさを感じさせる机でした。

中学生への贈り物としては豪華な代物。ふと気になって、なぜあのときあんな立派な机をプレゼントしてくれたのかを母に聞いてみたことがありました。

すると母は、当時を思い出しながらこう話してくれました。

「机は自分の居場所。勉強ばかりではなく日記を書いたり手紙を書いたり、大切なものをしまったりと、自分を形成する場所。自分の心を育む場所。だからよいものが必要だと思ったの。そう考えると、あの木の香りのするどっしりとした机は最適だな、と思ったのよ」という返事が返ってきました。

勉強はやろうと思えばどこでもできます。リビングのテーブルでもいいし、こたつでも床でもいい。けれど、母は「場」に配慮してくれた。机に向かったときの私の身体感覚や気持ちがどうであるかを気遣ってくれた。

いつでもどっしり迎えてくれて、木の香りがして、やわらかいビロード生地がお尻を支えてくれる。そういう感覚に包まれて勉強したり、日記や手紙を書くのはとても幸せなことだと、母は教えてくれたような気がします。

私にとって机は、自分の世界を生み出す場であり、自分を形成する場所。今でも机に向かうと、ここは自分の世界。自分をどっしりと迎えてくれる港。そんな気持ちになって、さぁここから前へ進もうという勇気をもらえるのです。

19

机に向かわなくても勉強できる

✻自己負担五万円、新幹線通勤で勉強時間を確保する

自分専用の机をもち続けることにはこだわっていますが、「勉強は机の前でするもの」というこだわりはありません。

一日のうちで机に向かえる時間はごくわずか。朝三時から子どもたちが起きてくるまでの約三時間のみでした。これだけでは、とうていハーバード大学院の受験準備は間に合いません。

そこで次に使ったのが通勤時間でした。

当時、私は栃木県宇都宮市に住んでいたので、東京・銀座にある勤務地へは新幹線通勤をしていました。片道約一時間半。新幹線に乗っている約五五分間は、乗客

がぎゅうぎゅう詰めになるラッシュもなく、必ず座れるので勉強には最適でした。

通勤時間は、上手に利用すればかなり有効に使える時間です。私の友人は、急行に乗れば約二〇分で仕事場の最寄り駅に着く場所に住んでいましたが、あえて各駅停車に乗り、約四〇分かけて通勤していました。もちろんその分早く家を出なければなりませんが、各駅停車なら必ず座っていけたそうです。

急行列車に乗って立ったたま二〇分を過ごすよりは、座って四〇分を過ごしたほうが有意義に使える。読書もより集中できるし、ノートパソコンを開いてメールを打ったり仕事をすることもできる、といっていました。

「新幹線通勤は大変でしょう?」と周囲からよくいわれましたが、私にとっては快適かつ貴重な勉強時間だったのです。

ひと月の定期代は約一〇万円と高額ではありますが、そのうち勤務先が五万円までは通勤手当として支給してくれるということで、五万円が自己負担。当時の私にとっては勉強時間の確保はお金には換えられないので、喜んで支払うという気持ちでした。

❇「ビヨンド・ザ・細切れ時間」を徹底活用

さて、これで朝の三時間と通勤の往復約三時間を勉強にあてられましたが、一日のうちに勉強できる時間はまだありました。

それは通勤途中の徒歩や電車待ちの時間。家から最寄り駅までの約五分、駅で新幹線を待つ間の約三分、東京駅からオフィスまでの約一〇分、帰りは駅から保育園まで自転車で約一〇分。トータル約三〇分の時間がありました。

この時間に、iPodで英語の格言や会話集のCD、英語版『7つの習慣』の付録CDを聴き、リスニング力をつけました。CDの続きが聴きたくて細切れ時間が楽しみになったことさえありました。

さらに、仕事の昼休みの余った時間、仕事の途中でトイレに行くとき、家に帰ってからは洗濯物を干すとき、食卓の食器を片づけるときなど、もはや隙間時間とは呼べない「ビヨンド・ザ・細切れ時間」ともいうべき時間にも、**絶え間なく頭を動かし、小論文の内容を考えたり、メールの返事を用意するなどしていました。**

隙間時間を使っているとき、私はときどき、昔、父にいわれた言葉を思い出します。

実は、私は子どもの頃から計画を立てるのが大好きでした。

たしか中学一年生の頃、私は机に向かって中間テストに向けた勉強の計画表をコツコツとつくっていました。この日のこの時間は国語、この時間は数学というように。すると父がそばに来ていったのです。

「机に向かってやる以外にも勉強はできるんだよ。机の上でするだけが勉強じゃないんだ」

父は、たとえば歩いている間やお風呂に入っているときなど、問題集や単語帳を見ていないときも、それらを思い出すことで勉強になるといいたかったのでしょう。

当時の私は半分わかったような、わからないような顔をしていたと思います。今なら「うん、うん、本当にそうだよね」と大いに賛同するところなのですが。

✻オムツをたたみながら、論文を読んでいた父

そんな父も、子育てで忙しい時期には隙間時間をかなり活用していたようです。

私の両親は共に大学で教員をしていました。共働きのため、私は生後四三日から保育園に入りました。当時は布オムツが主流で、その保育園でも布オムツが使われていました。

毎朝登園すると、親の仕事のひとつとして、その日自分の子どもが使う布オムツの布を四つ折りにして棚に入れておく、という作業があったそうです。乳児のオムツですから、十数枚以上あったと想像します。

ずっとあとになって保育園時代からの友人のお母さんが教えてくれたのですが、**私の父は、このオムツをたたむ作業をしながら、傍らの床に置いた論文を読んでいたのだそうです**。文章を目で追いながら手は絶え間なくオムツをたたんで、というように。

留学準備の忙しさから解放された今でも、私は仕事場の廊下を歩きながら、あるいは保育園から駅への道をダッシュしながら、論文の内容を考えたり、昼食を食べながら本を読んだりしています。そんなとき、ふと父を思い出すのです。

20 「時間」「場所」「仲間」の三つで加速をつける

✼「いつでもどこでも自由にやりなさい」は案外むずかしい

さらに、決まった時間、決まった場所、そして仲間。この三つをそろえることができたら、新しい何かを成し遂げるための大きな加速がつきます。

ある時期、子どもたちと一緒にラジオ体操に行っていたときがありました。近所の公園で、朝の六時半からお年寄りのグループがラジオ体操をやっていて、そこに一緒に加わらせてもらっていたのです。

夏の間は、おにぎりやくだものなど簡単な朝食を用意して行き、ラジオ体操が終わったあとにそのまま公園で食べてくることもありました。からだはスッキリするし、朝の澄んだ空気のなか、木々の緑や花を眺めながら食べる朝食はとてもおいしく、子どもたちも喜んで参加していたのでラジオ体操の習慣は気に入っていました。ところがあるとき、夫から疑問の声が上がったのです。夫は出勤のために毎朝六時半には家を出ます。夫は慌ただしく出かけていきますが、私はそれ以上に四人の子どもたち（アメリカ留学中に四女が誕生しました）の着替えや朝食の準備などで大わらわ。

ただでさえ朝は忙しいのに、ラジオ体操の時間に間に合わせるために一層「バタバタ」していました。夫はあまりの私のバタバタぶりを見かねたのでしょう。

「どうしてそこまでしてラジオ体操に行くの？　どうしても行かなければいけないものなの？」と。

そんなに忙しい思いをしてわざわざ公園まで行かなくても、体操をやるだけなら、ラジオやYouTubeを使って家でやればいいのでは、というのが夫の言い分でした。

夫にいわれてみると、たしかにラジオ体操に行く日の朝の、私の「バタバタっぷり」はすごいものがありました。結局、ラジオ体操に行かなければその時間でできることが意外に多くあるとわかり、子どもたちが仕事に出かける夫を見送ることもできるので、ラジオ体操に行くのはやめてしまいました。

すると、朝にからだを動かすのはなんて気持ちいいのだろうと思っていたにもかかわらず、家では一切ラジオ体操をやらなくなってしまいました。このとき改めて思いました。何かを続けるには、「時間」「場所」「仲間」が必要なのだな、と。

あのとき、数カ月間でもラジオ体操を続けられたのは、午前六時半スタートという決まりがあり、公園という決まった集合場所があり、たくさんのおじいちゃんやおばあちゃんという仲間に会えたからでした。

時間や場所の制限はなし、いつでもどこでも自分の自由な時間にできる、というのは一見なんでも可能になる気がしますが、実際はむずかしい。

「この時間しかない」「ここだけ」「これを逃すとチャンスはない」という条件は、自分を縛る制約のような顔をしていますが、その実、**集中力をアップさせ、加速度的に成果を上げる大きなアドバンテージ**になるのです。

✤「今だけ」「ここだけ」の制約こそ、集中のカギ

これは勉強でも同じだと思います。

たとえば私の場合なら、高校生のときなどは、好きなときに聴くだけでリスニング力がアップするという英語のCDや、好きなときに学習して添削してもらう問題集など、時間や場所の制限のない勉強法に何度もチャレンジし、挫折してきました。

でも、子育てしながら仕事をするようになってからは、「耳が空いている時間」が通勤時間など、ごく限られたものになったので、「ここで聴くしかない」と思いながらiPodで英語のCDを聴くと、かなり効果が上がりました。

勉強を続けるためには、決まった「時間」と「場所」、そして「仲間」の三つがそろうと最強です。

アメリカ留学を終えて日本に戻ってきてからはコーチングの勉強を始めましたが、このコーチングのレッスンは、週に一、二回、一時間、複数の受講生が電話会議のようなシステムでクラスに参加するというスタイルです。

「仕事をしながら幼い子どもたちを育てて、そのうえよくコーチングの勉強ができますね」といわれますが、独学ではなかなか進まなかったでしょう。

これも決まった「時間」「場所」、そして共に学ぶ「仲間」がいるからこそ続いていた、といえるのです。

21 最初の一歩は、「シンプルなひとつ」を選ぶ

✿ 苦手な数学を克服するために集中した「一冊」

ハーバード公衆衛生大学院に入学するための応募要件として、前述のようにTOEFLが九〇点以上、GREが一〇〇〇点以上という合格ラインがありました。

このGREの英語の試験はとてもむずかしく、「日本人は英語よりも数学でいかに点数を稼ぐかが勝負」と友人からアドバイスされていました。数学は、日本の高校の数学（I、II、III）レベルなので、むずかしい英語に正面から立ち向かうより数学で確実に点数をとるのがよい、と。

そうはいっても、私が数学を最後に勉強したのは一五年以上前。しかも、もともと数学はそれほど得意ではないほう。GREの過去問題集を買ってやってみました

が、さっぱりわかりません。

そこで、数学が得意な夫に「まったくわからない」と泣きつきました。すると夫が初歩から教えてくれました。夫も夜は早めに寝て早朝から自分の机で仕事や読書をすることが多いのですが、子どもたちが寝ている早朝の時間に、夫にはずいぶん数学を教えてもらいました。

その結果、何度目かに受けたGREでは数学で七一〇点、英語で二九〇点と、なんとかトータル一〇〇〇点のスコアを獲得できたのです。

「三角形の内角の和が一八〇度」という初歩から始めた私が数学で七一〇点をとれるようになったのは、もちろん夫の協力が大きかったのですが、問題集の使い方もポイントです。

そのポイントとは、「ひとつに絞って、繰り返す」。

日本の高校や大学受験、医師国家試験など、私はそれまでに何度か受験を経験してきましたが、大学受験のときには不安にかられて何冊も問題集を買い込むものの、結局やり切れず、まったく使われなかった問題集が何冊も残りました。国家試験を受ける際も大変なプレッシャーから、友人から「これがいいよ」とすすめられるとついあれもこれもと手を出しました。でも、このときも結局すべてを使うことはできず、未消化感が残ってしまいました。

多くの人も経験があることかもしれませんが、私も受験後に、これもムダだった、あれもムダだったと思いながら、何冊もきれいな問題集を捨てるはめになりました。この経験から、留学準備のときには「問題集は少なく！」と心に決めたのです。

GREの対策には、思い切って問題集を一冊に絞りました。といってもこの一冊が、A4サイズで厚さが三センチほどもあったので、始める前には一瞬たじろぎましたが、「この一冊で（少なくとも数学は）完璧にするぞ！　この一冊を何回もやろう！」と決心しました。

結果的には、一冊に絞ったことで、勉強の際もあちらこちらに目移りせずに集中できました。何回もやるうちに解けない問題が減っていき、自分の成長度合いがわかって励みにもなりました。問題集を何冊も買っていたら、こうはいかなかったでしょう。

以来、私は何かを新しく勉強するとき、テキストはできるだけ少なく絞り、それを徹底して何度も繰り返して理解していくというやり方を続けています。

まずは一冊に徹底的に集中する。これはもしかすると、受験勉強だけでなく、あらゆる物事の習得に通じる肝なのでは、とも思うのです。

何か新しいことを勉強しよう、始めようというとき、その飛び込むときの一歩は、本であればできるだけ基本的な、考え方であればシンプルな「エッセンス」を選んで、それこそとことん根こそぎ理解しつくす。完璧をめざすより、敷居を下げて「とりかかりやすさ」を優先させるのです。

まずは足がかりとなる最初の一歩が心理的な負担とならないよう、とりかかりやすいシンプルなもの、を意識するといいと思います。

22 「まだできていないところを探すのがテスト」と考える

✻テストで間違ったところは宝物

「テストで間違ったところは宝物なんだよ」

この言葉を聞いたのは中学生のときでした。当時通っていた塾の先生がおっしゃった言葉です。

この塾は難関校といわれる高校の合格者を何人も出しているのですが、勉強のみを徹底的に行う進学塾とは違い、内容がとてもユニークでした。

まず、先生も生徒もニックネームで呼び合います。いつも頭にベレー帽をかぶっている先生は「キャップ」、私は旧姓の小林の「こ」と穂波の「ほ」をとって「コッポ」と呼ばれていました。先生と生徒の関係というよりは友だち同士といった感覚。口のきき方もいわゆる「タメグチ」で、生徒は先生に敬語を使う必要はなく、先生も上からモノをいうような話し方はしませんでした。

「よく学び、よく遊べ」がモットーで、夏と冬には生徒と先生が山に一週間の合宿に出かけます。半分は徹底的に勉強をしますが、半分は山に登ったりキャンプファイヤーをしたりと遊びに徹するのです。

各学年が出し物を競い合い、勉強面ではぱっとしないような子でも、遊びの企画では張り切るなど、活躍の場がたくさん用意されていました。

学習内容もユニークで、たとえば英語ならば、まず最初に徹底的に筆記体の練習をさせられます。見本の筆記体の上にトレーシングペーパーを重ねて、えんぴつでなぞり、それを何回も繰り返すのです。「筆記体がきれいに書けるようになると英語の勉強が楽しくなる！」というのが、その理由でした。

数年前に塾長が亡くなり塾は閉鎖してしまったのですが、もしこんな塾が近所にあったらぜひ子どもたちを通わせたい、と今でも思うような塾だったのです。

この塾では勉強そのものだけでなく、遊びも含めてさまざまなことを学びましたが、冒頭の「テストで間違ったところは宝物」という言葉もそのひとつでした。**テストで間違ったところは、自分がまだわかっていないところ。テストは自分がわからないところを探すためのものなんだよ、**と教えてくれたのです。

試験やテストというと、自分が試されるもの、自分のレベルを測られるものという受け身のイメージがありますが、「わからないところを探すためのもの」といわれると主体的に臨む気持ちになりました。

ハーバード大学院を受ける際、私は比較的早い段階で、数学の勉強もまだまだ始まったばかりというときにGREのテストを一回受けてみました。そのときは、まったくちんぷんかんぷん。歯が立ちません。「誰がこんな問題を解けるの？」と不思議に思えるほど、未知の世界でした。

しかしとりあえずテストを一回受けてみたことで、「GREってこんなにむずかしいのか！」とむずかしさの度合いがよくわかりました。

ここで「こんなにむずかしいテスト、私には無理かも……」と落ち込まず、「よーし、どんなにむずかしいかがわかったから、今回できなかったところを克服するためにがんばろう！」と前向きになれたのも、「テストはわからないところを探すためのもの。テストで間違ったところは宝物」と教えられてきたからだと思います。

✻成果は目に見える形で自分に示す

ところで、中学時代に「テストで間違ったところは宝物」と教えられた私は、当時「間違ったところノート」というものをつくっていました。学校や塾でテストを受けたあと、間違った箇所の問題をノートに書き写すのです。そしてそのノートの問題を何回も繰り返し解きました。

ハーバード大学院を受験する際もＧＲＥの問題集を使って同じようなことをしていました。

問題集の設問を頭から解いていき、できなかったところ、間違ったところにはチェックをつけておきます。そしてしばらくしてから、答えを忘れた頃にもう一度、チェックのついた問題を解いていきます。ここでまた間違えたりできなかったところは再チェック。

これをとにかく何回も繰り返し、最終的にはチェックのついた問題が極力なくなるようにするのです。
正解した問題は二度とやらないと決めていたので、正解したなかでもまぐれかもしれないと思うもの、自信がないものは三角印をつけておき、再びできるようにしておきました。
なかには半分以上の問題にチェックがついたページもありました。しかし問題集を開くたびにチェックの数が減っていき、自分に力がついていることを実感できるのです。

勉強でもなんでも、「ｔｏ ｄｏリスト」でも、「成果を目に見える形で示す」のは、モチベーションキープに役立つし、励みにもなります。

「こなせた」「ＯＫ」という印が、無意識のうちに自分に「よくできているね！」「がんばったね！」と声かけをする存在のように、私には思えるのです。

23 「何度でも」「ギリギリまで」あきらめない

✻何度も落ち続けた奨学金申請

自分の目標を実現するために必要な、単純だけれどとても大事なこと。それは、「あきらめない」ことだと思います。あきらめないポイントはふたつあります。

「何度失敗しても」どこかにはひっかかるかも、と思い、あきらめないこと。

「ギリギリまで」チャンスはある、と思い、あきらめないこと。

海外留学にはお金がかかります。ハーバード公衆衛生大学院の場合、学費だけでも年間に約四〇〇万円かかりました。さらに生活費を加えると、トータルで多額のお金が必要になります。

合否以前に海外留学は経済的に無理、と尻込みしてしまう人もいるかもしれません。しかし研究団体や民間企業などの奨学金制度をうまく利用すれば、経済的な問題はクリアされる場合があります。

私も留学費用のすべてを自費ではまかなえなかったため、いろいろな助成団体に奨学金の申し込みをしました。

奨学金の応募には、たいてい二〇枚はあろうかという書類と推薦状が必要です。書類は、氏名や住所など単に埋めていくだけの項目もありますが、今までの業績や留学の目的・抱負など審査の対象となる項目も数多くあります。競争率はだいたい二〇～三〇倍と高いため、かなり真剣に書かなければなりません。

ハーバード大学院留学の際には、私は聖ルカ・ライフサイエンス研究所という団体から奨学金をいただきました。しかしここに決定するまでに、四つの団体に応募し、ことごとく落ちたのです。

学校や会社などの合否を知らせる封書というのは、たいてい合格であれば厚く、不合格であれば薄っぺらいものが届きます。私は何度も薄っぺらい封筒を手にし、そのたびにがっかりしました。ひょっとしたら合格でも封筒が薄い場合があるかもしれないと淡い期待をもちつつ封を開け、やっぱり不合格というときもありました。

必死に二〇枚以上の書類を書き、推薦状ももらった結果、不採用だと本当にがっかりします。

不採用通知を受けた直後はかなり落ち込みますが、ひと晩ふた晩寝ると、「やるしかない。よし、次、次！」と立ち直ります。そして自転車の最初の一歩をこぎ出すように、また体勢を立て直すのです。

✻消印が押される瞬間まであきらめない

先に「締め切り直前には馬鹿力が出る」と書きましたが、この馬鹿力の大前提ともいえるのが「あきらめないこと」ともいえるでしょう。

ギリギリまであきらめないというのは、本当の本当に自分の手を離れるまでしぶとくベストを尽くす、ということ。

応募書類の締め切りには、たとえば「〇日の消印有効」というものがあります。この場合なら、「〇日の二三時五九分まで郵便局に飛び込むことをあきらめない！」くらいのレベルです。

郵便物を郵便ポストに投函すると消印が押されるまで時間がかかりますが、郵便局の本局に持ち込めば消印が押されるまでのタイムラグはほとんどありません。心配なときは「今日の日付の消印が押されますよね？」と念押しします。

実は、私はこれまで何度も深夜の郵便局に駆け込みました。もちろん自慢にはなりませんが、最後まであきらめなかったことで得られた助成金や奨学金は少なくないのです。

先日もある研究費の助成金に関する応募書類を、締め切り日に担当窓口に持ち込みました。私が職場内で助成金応募の意思表示をして、申請のための資格番号をもらったのは五日前です。

締め切り日当日に、応募書類一式をそろえて窓口に行くと、担当の方がいいました。

「すっかりあきらめるかと思っていましたよ」

私はその言葉を聞いてびっくり。

「え？　あきらめる？　私はやる気満々でしたよ！」

私のずうずうしさ、しぶとさのレベルは、どうやら他の人よりグンと高いようです。

24

集中するための「集中以前」の時間の使い方

✼「気がかりなことリスト」をつくる

なんだかどうも仕事に集中できない、いつもより勉強がはかどらないなと感じるときがありませんか。そんなとき、私は「気がかりなことリスト」をつくります。これは元は、コーチングの先生に教えてもらった方法です。

スケジュール帳にわざわざ書くまでもないような小さなこと、絶対にやらなければいけないことではないけれど、ちょっと心にひっかかっていることをリストアップするのです。

たとえば、私が以前にあげたのは次のようなことでした。

□仕事場の机まわりに書類が乱雑に積み重なっている

□返信したい英文メールがまだできていない
□子どもの靴のサイズが合わなくなってきている
□家の布団を新しいものに買い替えたい
□長女が「お友だちの○○ちゃんがいじわるをする」と何度もいっている

どれも緊急に対処しなければならないものではありませんから、時間がなくて、つい先のばしにしてしまいます。

子どもが「○○ちゃんがいじわるをする」というのは、よくあるといえばよくあること。友だちとのトラブルも成長には必要なことなので、子どもがお友だち関係の不満を口にしたときには、子どもの気持ちを受け止め、「それは悲しかったね」などと共感するところまでで終わりにするのを基本にしています。

とはいえ、子どもが何度も同じ訴えをしてきたり、その内容が「ちょっと度が過ぎるかも」と思うようなときはやはり悩みます。しかしこれもまた、よっぽどのことがないとしばらく保留にしてしまう場合が少なくないのです。

このような、気になったままのもの、あるいは少し我慢しているものをリストアップするのです。

✤じゃまするのは大きな問題よりも「小さな我慢」

私がこうしているのは、コーチングの勉強のなかで「小さな我慢は意外に大きなエネルギーを奪う」ということを教えられたからでした。

たしかにほんの些細《ささい》なことが、エネルギーを奪うという経験は誰しもあると思います。ここぞ集中！　というときに、その妨げになるのは、大きな気がかりというよりも、案外すごく些細なことだったりするものです。小骨がのどにひっかかって、ちくちくと不快なように、どういうわけか集中できない。身が入らない、ということがあります。

私は仕事・プライベートに関係なくメールが大好きで、つい長文になってしまうのですが、そのメールの文面を考えるのは洗濯物を干しているときや、通勤で駅に向かってダッシュしているときなどです。これをやっておくと、いざパソコンを開いたときに、カタカタとスムーズに文章が打てます。

論文などを書くときも同じで、台所で洗い物をしているときや、近所のスーパーに買い物に行った帰り道などにふと「どういう構成にしようかな」などと考えておくと、実際に机に向かったときにすっとスタートを切ることができます。

集中するべきときに本気で集中するためには、その周辺の時間、前後の時間の気持ちの状態がとても重要なのでしょう。

集中するべきとき以外の時間とは、高跳びの助走のようなもの。より高く跳ぶためには、助走をいかにうまく走るかが重要です。それと同じで、**何かに集中するには、とりかかる前の時間をいかにうまく使うかに気を配る必要があります。**

このとき、気になることがあまりにたくさんあると、重要でないことに気をとられて、この時間がじゃまされてしまいます。大切なことに使うべき思考が、小さなことに占領されてしまうのです。

そうならないためには、気になることをきちんと片づけておくことが大事です。

というと、「またやるべきことが増えて大変」と思うかもしれませんが、気になることは書き出すだけで、解決のほうへ意識が向き、対策がすぐに見えてくるものが多いのです。

実際に書き出してみると、「以前の英文メールをコピペして使おう」「近所の靴屋さんをのぞいてみよう」などと、解決方法がいろいろと思いつきます。

そして気づきます。「小さなことだから」と保留にしたり我慢したりしていたことが、積もり積もって案外大きなエネルギーを消耗していたことに。

背中の「荷物」は、一度整理してスッキリさせても、またいつの間にか大きくなるでしょう。そのたびに「気がかりなことリスト」を書き出してみればいいのです。

「なんだか最近集中できない」と思うときは、自分が背負っている「ちょっと気がかりな荷物」をチェックするタイミングなのかもしれません。

25 やる気を加速させるための燃料を補給する

✲自分を励ます言葉は、なるべく「近く」に書き残す

重い腰を上げ、不完全な状態でもとにかく始め、どうにかこうにか進みたい方向へ向かったとします。「よし、やるぞ！」そう張り切って好スタートを切ったはずなのに、どんなことにも、失速するときは必ずあります。

仕事に集中しなければならないのに、どこか上の空になってしまったり、優先順位があるのに見て見ぬふりをして先のばしになってしまったり、時間の使い方がムダだらけ、隙だらけ、というダメな日を過ごしてしまうこともあります。

こんなとき、私は自分だけの格言・名言メモを手帳のなかからゴソゴソと取り出し、眺めるようにしています。たとえば……

「世界に変化を望むのであれば、みずからが変化となれ」（マハトマ・ガンジー）
「心のなかですばらしい考えを育てるのだ。なぜなら、自分が考えている以上にすばらしい人間にはなれないのだから」（イギリスの政治家 ベンジャミン・ディズレーリ）
「忙しさにこれで十分ということはない。アリも忙しいのだ。問題は何にそんなに忙しいのかということである」（アメリカの思想家 ヘンリー・デイヴィッド・ソロー）
「運は勇気のないものには巡ってこない」（アテネの悲劇作家 ソフォクレス）

本は一度読んでも案外その内容を忘れがちです。せっかく「これは！」と思う文章や言葉に出合っても忘れてしまうのはもったいない。

なので、これは私のなかの永久保存版としたい、ときどき思い出したい、ぜひからだに浸透させたいと思うものは、本のなかだけにとどめておくことなく、いつも持ち歩く手帳の後ろのメモのページに書き写しておきます。

読書ノートなどをつけている方もいらっしゃるかもしれませんが、**私が大事にしているのは、その言葉を持ち歩く、ということ**。その言葉と共に歩き、走り、考えるように、いつも一緒にいる。そんな感覚です。

だから、もっとも身近な、手帳のなかに、それらをしまっているのです。

一年の始めに手帳を新しくするとき、格言・名言が書かれたページをビリビリと破いて古い手帳から切り離します。そして新しい手帳のポケット部分に忍ばせるのです。翌年にはこのポケットに入ったメモも、新しい手帳に大移動。なので年々メモは増えていきます。

なんだか調子が出ない、やる気が出ないなと感じるとき、通勤電車のなかなどで、このメモを取り出し、しみじみと眺めるのです。

自分を励ます言葉をもっている人は、失速してもまた情熱を取り戻すことができます。背中を押され、自分を正しい方向に向け直してくれるように、自分のハートに再びふつふつと火がつくのがわかる。そして「よし、またやろう！」と思えるのです。

言葉でも、行動でも、ポジティブな状態に自分を保つツールによって、人は助けられます。私の場合は自分を励ます言葉の他に、自分へのほめ言葉や、ちょっとしたリフレッシュ時間を用意していますが、きっと人それぞれに自分だけの燃料、気持ちに火をつけるものがあるでしょう。

たとえばそれが漫画だったり、好きなアーティストの音楽を聴くことだったり、旅行だったりする人もいるでしょう。花を買う、とか、特別なレストランに行くとなんだかやる気が出る、という人もいるかもしれません。

そんなポジティブ思考にさせてくれる習慣は、失速してしまったとき、またペダルをこいで加速させる燃料になるのです。

第4章

加速をつければ、難事も突破できる！

26 やる前に考えない、やってみて考える

✻ハーバードからの合格通知！

「留学しよう！」そう決意してから半年がたち、願書の提出期限が迫った一二月初旬、必要書類をそろえて、ハーバード公衆衛生大学院をはじめ計四つの大学院に入学願書をインターネットで送信しました。

別途郵送が必要な書類は、ポストへ投函《とうかん》。送信ボタンをマウスでカチッと押した瞬間、「あぁ、あとは合格発表を待つばかりだ」と感慨深くなりました。

そして三月。受験した大学から立て続けに薄い封筒が二通届きました。

いずれも不合格。がっくりと落ち込みましたが、三通目に届いたハーバード公衆衛生大学院の封筒は思いがけない厚さ！

なかには合格通知書、オリエンテーションの資料、入学金の支払い伝票などが入っていました。

えっ？　合格⁉

思わず夫と顔を見合わせました。ハーバードがいちばんむずかしいと思っていたので、にわかには信じられなかったのです。

しかし目の前にはたしかに合格通知書があります。

やった！　合格した！　海外留学が現実になる！

これで人生の新しい扉が開かれた！　そう思うと胸が高鳴りました。

さて、こうして海外留学が実現したのですが、当時を振り返ってしみじみと思うのは、子連れ留学というものがどんなに大変な生活なのかわからないまま、とにかくアメリカに飛んでしまって正解だった、ということです。

留学が決まってから、夫は「子どももふたり、さらにこれから生まれる生後間もない子どもを連れてひとりでは留学させられない」と、自分も休職して共に留学する決心をしてくれました。

合格通知書が届いたのは三月初旬、始業式は九月初旬と、渡米までには約半年間の準備期間がありましたが、夫婦双方の仕事の引き継ぎ、夫の海外留学先探し、渡米までに書き上げておきたい論文、引っ越しの準備、ビザの発行手続きなどやるべきことが山のようにありました。さらに、三月の時点で私は妊娠六カ月。七月には三女の出産が控えていました。

子連れの学生生活を送るためには、住む場所、医療保険の手続き、子どもの預け先の確保など学校以外の生活面の整備も欠かせません。

一応、子どもの預け先と医療保険については日本でインターネットを使って調べていましたが、慣れない英語で情報を調べるのはとても時間がかかりました。海外留学経験のある友人などにも聞いてみましたが、自分たちの場合はどうなるかがいまひとつよくわかりません。

ここはもう、現地に行ってから公的機関などに直接出向いて調べよう、とペンディングにしていました。

ちょっと待って！ ボストンでの保育料が月五〇万円!?

ハーバード大学院のあるボストンに到着したのは八月八日。始業式は九月一五日なので、それまでに子どもたちの預け先を決める必要がありました。

日本では、子どもの主な預け場所として保育園と幼稚園があります。アメリカの場合は日本の保育園に近いデイケア、日本の幼稚園に近いプリスクールがあり、他にファミリーデイケア（日本でいう「保育ママ」の制度で、一般家庭で子どもを預かってもらうスタイル）や、ベビーシッターさんを利用する人も多くいます。

我が家の娘たちは、日本では公的な保育園に通っていました。公的な保育園は地方自治体によって一律の料金制度が設けられています。

当時、我が家ではひとりにつき月額五万円（ふたりだったので合計一〇万円）の保育料を払っていました。三女が生まれるので、留学中は三人分の保育料がかかります。アメリカでもひとり五万円はかかるだろう、三人だから月一五万円の出費にはなるだろうな。いや、ちょっと待って。女性の社会進出が進んでいるアメリカだから、働く親をサポートする制度が整っているはず。ひょっとしたら一五万円以下に抑えられるかもしれない、などと考えていました。

ところがそれは甘かった……。

アメリカには、基本的に日本のような公的な保育園はありません。あっても貧困層向けの特別園で、そこに入るには所得や親の職業、住んでいる地域など、厳しい入園条件がありました。ほとんどの人が利用しているのは私立で、園ごとに料金や運営基準が違います。

さらに、その保育料が驚くほど高いことがわかったのです。とくにニューヨークやボストンなど、アメリカ東海岸の保育園は非常に高額でした。

ハーバード大学院があるマサチューセッツ州の大型保育園の平均保育料は最低で月額一一万円、乳児は平均二五万円、乳幼児全体の年額平均はなんと二三〇万円でした。

保育料の高さにも驚きましたが、さらに「空き」が少ないのです。とにかく複数の保育園に申し込み、ようやく三人が同じ保育園に入れることが決まったのは始業式の数日前でした。

その保育園の保育料は、週一一六八ドル（乳幼児が四三〇ドル、二歳児が四二一ドル、四歳児が三一七ドル）、合計、月額四六七二ドル。

当時の日本円に換算するとなんと月に五〇万円強！

アメリカへは留学生として入国したので就労ビザはなく、働くことができません。私は完全な無収入、一方、休職中の夫は日本から給与の一部を受け取り、それは大変ありがたかったのですが、それでもとてもまかなえません。学費の一部は助成金をいただきましたが、生活費は貯金を切り崩すしかありませんでした。

保育料に月五〇万円もかかるというのは大きな誤算で、三人を保育園に入れたもののの「このままでは途中で留学をあきらめざるをえないかもしれない……」と本気で思い悩みました。**毎月、ものすごい額の貯金が減っていくのです。講義に出ていても、チャリンチャリンと落ちていくお金の音が聞こえてくるようです。**

自分のお弁当代を節約するため、あまり興味のないテーマでも、お昼に大学構内で開かれるさまざまな勉強会に参加しました。そこへ行けば、参加者用のピザやクッキーを食べることができたからです。

✲走りながら「走り方」を考える

留学前にあらかじめこの事態をわかっていたら、はたして渡米できたかどうかと考えると、まるで自信はありません。少なくとも留学を数年先に延ばして、その間に貯蓄を増やそうなどと考えていたでしょう。

アメリカでの生活がどうなるかがよくわからないまま渡米したことが幸いし、諸問題を抱えつつも、なんとかするしかない状況に追い込まれたおかげで、最後にはハーバード公衆衛生大学院で修士号をとることができました。

帰国後、海外留学について相談を受けることがよくありますが、私が必ずいうのは「やってもみないうちから考えずに、やってみてから考えるのが一番ですよ！」ということ。

何事も、準備万端整ってからと考えていてはなかなか「走り出せ」ません。でも、**とにかく走り始めてしまえば、そこからは軌道修正したり、他のルートを考えたり、なんとか目的地に行く方法は見つけられるのですから。**

私たちは頭で考え、頭で悩み、頭でブレーキをかけます。でも、動いて、何かに当たって、風を感じてわかることが、世の中にはたくさんあります。

大きなことを成し遂げることばかりが行動ではありません。誰かに「助けて」と声を出すのも、心に響いた格言を紙に書いてみるのも、立派な「行動」。ちょっとでも動いてみると、予想外に多くの学びや気づきに出合えます。そんなひとつの行動がきっかけとなって、物事は加速し、勢いを帯びるのです。

大きなチャレンジこそ、「勢い」で飛び込む

誰しも、これまで勢いでやったことが何かしらあると思います。勢いで大きな買い物をした、勢いで転職した、あるいは勢いで結婚した、というように。

「勢いで」というと、どこか冷静な判断を忘れて、無謀にも、という印象になりがちですが、**そもそも「勢い」を利用しないと、大きなことにはチャレンジできない**と思うのです。

留学に対する憧れと、現状に対する不満や飢餓感とで、加速をつけて留学準備に励んだ話を前に書きましたが、まさにその加速のついたまま、勢いで飛び込んだの

が留学生活でした。でももし、この勢いと加速がなかったとしたら、私はきっと途中で倒れていたと思うのです。

ボールは壁に当てても普通は傷すらつきませんが、加速のついた速球は、ときに壁に穴を開けるほどの力をもちます。**そんな勢い、加速があれば難事は突破できる。人生は開かれる。**それを痛感した留学中の経験をこの章ではお伝えします。

27

あきらめなければ細くとも道が見つかる

✻高額な保育料をなんとか安く済ませるには

人間、あきらめなければ「道」は見つかるといいますが、私は留学生活のあらゆる場面でそれを骨身にしみて感じました。

三人の子どもたちを保育料が月額約五〇万円かかる保育園にとりあえず入園させましたが、やはり月五〇万円はどう考えても高すぎる。このままでは貯金もすぐに底をつき、帰国しなければならなくなる。

私は大学院の学生課や友人、夫の留学先の知り合いなどあらゆるツテを使い、保育料の補助を受けられる方法はないのかを尋ねてまわりました。同時に、そもそも保育園に子どもを預けている親たちは、どのようにして高額の保育料を払っているのかを聞いてみました。

すると、情報収集してまわるうち、留学して三カ月ほどたった頃に、医学部エリアの福利厚生団体が所有している保育園（デイケア）では、その団体から職員の保育に対し一定の補助金が出るシステムがあることがわかったのです。それは給料を支払われている職員が対象で、最低でも年間六〇〇〇ドル（当時で約六五万円）の給料さえ出ていれば、子どもひとり当たり月額約一二万円から一九万円の保育料の補助が出る、というのです。

これは利用できるかも！　かすかな希望が見えてきました。

しかし、私は留学生で無収入。夫は、その福利厚生団体でカバーされる病院に所属していましたが、研究員として留学したので、やはり無給でした。私たちは補助を受けられる対象ではありません。

私たちは条件を満たさないんだね、とあきらめてしまえばそれまでですが、私たちはそう簡単にはあきらめられませんでした。なんといっても、一カ月五〇万円の保育料は負担が大きすぎたからです。

そして夫と一緒に、夫の留学先の病院へ出向き、夫の上司とそのグループの金庫番のような秘書さんに交渉しました。いかに私たちが困窮しているか、ではなく、子どもたちは自分たちの大きな喜びと愛情の源なのに、今は大きな障壁になってしまって心の余裕をなくしている、などと訴えました。そしてどうか年間六〇〇〇ドルでもよいので給料を払ってくれないか、と。

しかし相手の答えは「ノー」の一点張りでした。

「ノー」は困る。困るけれど、相手が「ノー」というのは当然といえば当然。リーマンショック以来の不況で、研究室の台所は火の車です。また、留学希望が殺到している有名研究室ですから、「タダ働きでもいいから勉強させてほしい」という人はごまんといます。

と思うものの、すんなり「そうですか……」と引き下がるわけにはいきません。

そこで考えました。相手は余計なお金を一切払いたくないと思っている。私たちは病院からの給料が欲しいわけではなく、「給料を支払われている職員」という立場が欲しいのだ、と。

再度秘書さんにアポイントをとり、今度は交渉の角度を変えました。

「このような形ではどうでしょう? 私たちが年間六〇〇〇ドルを病院の研究室に

寄付します。それを給料として支払ってもらい、職員という形にしてもらう。もちろん手数料や中間マージンは別途お支払いします」

夫の上司の秘書さんは、わずかでも研究室に寄付が入るなら悪い話ではないと思ったのか、損失が出ない形なら力になってあげてもいいと考えたのかはわかりませんが、渡米して八カ月が過ぎた頃、ようやく話がまとまり、手数料と中間マージンを入れて八五五四ドルを支払いました。

こうして晴れて、夫は病院の職員待遇になりました。そして新しい保育園では職員割り引きが適用され、一カ月につき、子ども三人分、本来であれば五七万円の保育料に対し、合計で約四五万円の補助が出ることになりました。保育料は三人で月額約一二万円になったのです。

めでたしめでたし、といいたいところですが、実はこの高額な保育料の問題は、留学生活における諸問題のほんの一部にすぎませんでした。まだまだ「痛い目」にあうのです。

✿年間約二六〇万円の医療保険料、どう工面する?

日本では想像できなかったこととして、医療保険の問題がありました。娘たちの年齢は、渡米時で長女が三歳、次女が一歳、三女が生後一カ月。とくに小さな子どもは病気にかかりやすいので、医療保険への加入は必須です。

医療保険については一応渡米前に調べたのですが、そのとき知り得た情報は「ハーバード大学の学生は強制的にハーバード大学の保険に入らなくてはならない。巷《ちまた》の保険より結構安い」という程度でした。そもそも、日本と比較してアメリカの医療保険事情を論じた情報がなかったからです。

そして、入学式のオリエンテーションで初めて知ったのです。「結構安い」とは、全米の医療保険の世帯当たりの平均額が年間二七〇万円というなかでの話だと。

ハーバード大学の学生向け医療保険の保険料は、二〇二一年現在の物価に換算すると私ひとりなら年間約六七万円ですが、家族を含めると年間約二五六万円になりました。

これはとても払えない……。予想外に大きな経済問題に直面したのです。

医療保険を倹約する方法はないかとあちこち尋ねてまわりました。しかし大学の学生課に相談しても、よい情報はありません。前述した保育料の問題も同時進行で解決の見込みがなく、加えて（のちほど詳しく書きますが）住居トラブルも発生したときには、この三重苦の生活に本気で思い詰める毎日でした。

しかし、留学前に同じボストンに留学している友人医師が話してくれたことが、ふと頭に浮かんだのです。

たしかその友人は「我が家は保険料も医療費も全額無料」などといっていたような。はたしてそれが事実なのか、なんのサービスを利用して無料になっているのかなどは記憶が曖昧《あいまい》でした。さっそくその友人に連絡をとると、マサチューセッツ州の貧困者向け医療サービス「MassHealth」を利用していることがわかり、申し込み窓口も教えてもらいました。

すぐに申し込み窓口に電話をしましたが、いつも留守番電話になってしまい、なかなか通じません。そこで思い切って、翌日の昼休みに夫と直接訪ねていきました。

友人にすすめられた担当窓口のキムという女性は、とても親切なアジア人で、困っている人を助けたいという姿勢が伝わってきました。キムは、私たちがホームページを読んでもよくわからなかった手続きについて丁寧に教えてくれ、オンライン登録のやり方も手伝ってくれて、その場で登録の手続きが完了しました。

このとき、**「大事な情報を得るためには、直接人に会って話を聞くのがいちばん」**と改めて思いました。

登録は完了しても、申請手続きにパスしなければ本格的な加入にはなりません。申請手続きの内容は厳しく、さらに面接官は怖そうな女性でした。しかし申請の手続き中ずっとキムがそばについていてくれ、私たちが加入できるように担当者を説得してくれるなどしたのです。

キムのおかげで私たち一家は、無事加入でき、おかげで子どもたちの健診も、予防接種も、大学院を卒業して帰国する直前に生まれた四人目の子どもの出産費用も、すべて保険でまかなうことができました。

ちなみに留学期間中、長女が新型インフルエンザにかかり集中治療室に六日間入院しました。このときの入院費用は合計約二六〇万円（！）でしたが、すべてMassHealthでカバーされたのです。

もし窓口に直接出向かず、キムに出会えていなかったら、「MassHealth」に加入できなかったかもしれません。**直接人に会うことは、情報以上の「大きな力」をいただけるチャンスでもある、**とも思います。

28

「助けて」の声を上げることが、窮地を切り開く力

✻大事なテストの日、財布を忘れて電車に乗れないときは？

以前、友人たちと「自分の子どもたちが一八歳になったときにどんな力を身につけていてほしいか」を考えたことがありました。

子どもたちが一八歳になったとき、彼女たちは日本に住んでいるのか、海外に住んでいるのかはわかりません。経済的に豊かなのか貧困なのかもわからない。どんな場所、どんな状況でも、親に頼らずひとりで生きていくためにはどんな力をつけていたらいいのか、どんな人になっていてほしいのか、を考えたのです。

その結果、私は次の三つをあげました。

①自分で選択できること

②相手の気持ちを大切にできること

③自分が困っていたら、周囲の人に助けを求められること

私が一八歳のときにこの力が身についていたかというと自信がないのですが、少なくともこの年齢まで生きてきて、この三つの力は今の自分を大いに助けてくれているなと思っているものなのです。なかでもとくに身につけてほしいのは③。

たとえば、学校へ行くために電車に乗ろうとしたのに定期も財布も忘れてしまった、おまけに携帯電話もない（そもそも持たされていない）。その日は朝から大事なテストがあり家に帰っている時間はない――というとき。

駅に同じ学校の友人や先生がいないかどうか探す、駅員の人に事情を話してみる、交番のおまわりさんに相談してみるなど解決の方法はいろいろありますが、それを自分で考え、実行できるようになっていてほしいのです。

何か困ったとき、つらい状況になったとき、それを自分だけで抱え込んでじっと座っていても、状況は改善されません。

人生には、自分の力だけではどうにもならない状況に出合うときがあると思うのです。そんなとき、誰かに助けを求める。「困っているので、助けてください」と

いう。「こんな状況なので力を貸してください」という。それは勇気がいることかもしれませんが、生きていくうえでとても大事な力だと思うのです。

そして、実際に「助けて」と声に出していえたなら、手を差し伸べてくれる人はきっといる、温かい心の持ち主はきっと多くいる、世の中そう捨てたものじゃないと思うのです。

このことをつくづく実感したのが、渡米後、住居トラブルにあったときでした。

✻賃貸マンションで予想外の大トラブル

渡米後、私たち家族は一カ月の家賃が一九〇〇ドル（当時で約一七万円）の1LKのマンションを借りました（ちなみに、受験前に見学したハーバード大学の学生寮は、ファミリーで住むことが可能な2DKでひと月二二〇〇ドルかかり、とても住めませんでした）。

ハーバード大学があるボストンの冬は、北海道の稚内《わっかない》と同じくらいの寒さになります。渡米して約一カ月、吹く風が急に涼しく感じるようになった九月末、突然、マンションの暖房工事が始まりました。日中、五、六名の作業員が部屋のなかに入り、壁を壊し、暖房を取り外して通風口を入れ替える工事をするのです。契約時には知らされていなかったのでびっくり。

数日で終わるなら我慢ができますが、工事が完全に終わるのは翌年の五月だというのです。

一〇月、工事のために居間の暖房が止まると、室温は日中でも五度以下になりました。工事の責任者からオイルヒーターを借りましたが、ひとつではとても間に合わず、三つ以上つけると今度はブレーカーが落ちてしまいます。我が家の電気料金は倍に跳ね上がりました。

さらに工事中は隣の部屋との壁を取り壊され、応急処置としてプラスチックのシートが張られました。音も臭いも筒抜けでプライバシーは守られない、という状況です。工事は日中だけですが、夕方に帰宅すると工事で出たゴミや粉塵、工具が放置されたまま。また壁を取り壊したせいか、ネズミが廊下を走りまわっていました。

大家に、すぐに引っ越したいと申し出ましたが、工事は契約前から決まっていたので家賃の値引きも退去も認めないという返事。大家に直接交渉し続けても埒《らち》があかないので、室内の悲惨な状況を写真に撮り、工事の概要を説明する配布物を持参し、保健所に向かいました。そして住環境の監査の申し入れをしました。

監査の結果、保健所は「室内工事中は健康に悪影響が出る恐れがあるため、部屋から住民を別の場所に移動させるべき」という通告をマンション側にしてくれました。しかしマンション側は、作業員が室内に入る際は靴にカバーをつける、作業場所の床にシートを敷くなどの処置をとりつつも、住民対策はせずに工事を続行させたのです。

どうすれば解決できるのかわからず、私は学生課に相談に行きました。学生課のスタッフは、大家との交渉メールの文面（攻撃的でも脅しでもない、かつこちらが考えていることはハッキリ伝えるアサーティブな文面）を一緒に考えてくれました。そしてスタッフと共に大家とメールのやりとりをしましたが、一向に事態は改善されませんでした。

保育園問題、医療保険問題、住宅問題とトラブルが重なり、自分の留学のために家族がついてきてくれたというのに、その家族をひどい境遇に置いていると思うと悲しく、情けなくなり、うつ状態になりました。

加えて、大学院では毎日大量の課題が出て、講義に出るだけでなくその何倍もの時間を使って予習と復習をしなければ、ついていけない状況でした。とても勉強に専念できる精神状態ではなく、この三カ月間で体重が五キロ減り、あまりのストレスで月経が止まってしまったのです。

思い詰めた私は、入学時からお世話になってきたハーバード大学院の学生担当アドバイザーであるロベルタに、「こんな状態なのに毎月の家賃を払う気持ちにはなれない」「このままでは勉学を続けられない」と泣きつきました。

✿弁護士に相談、破格の安値で忠告文を書いてもらう

すると、なぜこんなに我慢しているのかと、本気で叱《しか》られたのです。「賃貸契約をしている大家を訴えるべき。こちらが先に契約違反を訴えなければ、相手が家賃滞納などで訴えてくるよ！」と。そしてその場で知人の弁護士を紹介してくれたのです。

しかし高額の弁護士費用を払える見込みはありません。そもそも訴訟を起こしたことなどこれまでないので、正直怖気《おじけ》づきました。

それでも恐る恐る弁護士に会いに行き、貧乏留学生で高額な弁護士費用は払えない、最初に相談料を提示してもらえなければ依頼はできないことを伝えたうえで、これまでの経緯を洗いざらい話しました。

するとジェイクというその弁護士は、親身になって最後までじっくり話を聞いてくれ、さっそく一〇〇ドル（当時で約九〇〇〇円）という破格の金額で大家に忠告文を書いてくれたのです。

忠告文には今までに私たち家族がどのような苦痛を受け、健康被害にあったか、ゆえにできる限り早く退去したい、加えてこれまでの家賃を全額返還するように要求する内容が書かれていました。

私にはとても強気な文章に感じられたので、大家が激昂して裁判に持ち込まれたらどうしようとヒヤヒヤして返事を待っていたところ、弁護士からの一筆というのは効果絶大でした。すぐに大家から「頼むから今の部屋にとどまってくれないか」という弱々しいメールが届いたのです。不況のなか、年度途中で退去されたら、なかなか次の借り手が見つからないと思ったのでしょう。

大家との交渉はジェイクに任せました。その結果、契約期間である残り四カ月はこのまま滞在することとし、そのかわり工事はまだ続くため家賃は半額でよいこと、いちばん被害を被った一〇月末から二月までの家賃と敷金は返還してもらうことになったのです。

二度と経験したくない、心労の多い出来事でしたが、この一件で「助けて」と声を上げることの大切さを知り、交渉術の貴重な勉強にもなりました。何より、この経験を経て、さらに図太くなったことはたしかです。

そして「助けてほしい！」と声に出せば、温かい手を差し伸べてくれる人は少なくない、と実感できた経験でした。今でもジェイクとロベルタには年に一度、クリスマスカードを送り、一生忘れない感謝の気持ちをしたためています。

どんな人にも、窮地に陥ることはあると思います。それを自分の力で解決できればいいですが、どうしようもなくなったときに、「助けてほしい」と声に出せるか。**「助けて」と声を上げることそのものが、自分の苦境を切り開くことにつながるのです。**

声を出せば、何かしら力になってくれる人はいる。そして、助けてもらったことへの感謝の気持ちは、他の誰かを助ける力になる。そして助けた誰かはまた別の誰かを助ける。

世界はきっとそんなふうにまわっていると信じて、将来、子どもたちもそこに加わってほしいと願っています。

29

もっとも投資すべきは人との関わり

✽喜んでもらうのがうれしいのは、本能

誰かに助けられて、心から感謝の思いが湧く経験をすると、自分も誰かの力になりたい、と思います。そして誰かの力になって感謝されると、助けられたとき以上に、自分が誰かの力になれたことの喜びの大きさを痛感します。

そうすると、誰かの力を借りること、助けてもらうことは、その相手の喜びを引き出していることにもなるのだから、もっともっと人の力をお借りしたくなる。遠慮なく「力を貸して」、とお願いしたくなる——そんなことを前に書きましたが、人に喜んでもらうのがうれしい、というのはやはり人の社会的な本能なのではないかと思うのです。

私も人に喜んでもらうことが大好きで、臨床現場で働いているときは患者さんとの対話が何より楽しかったし、そこから生まれる信頼感や「共によい方向をめざしてがんばりましょう！」といった一体感はまさに快感。私のエネルギー源でした。

研究職になってからも、人と人をつなげて感謝されたときや、論文を書き上げて「これは多くの人の役に立つかもしれない」と思うときなどに、大きな喜びがからだじゅうから湧いてくるのを感じます。

仕事以外でも同じで、私は娘の友だちとその家族を家に招くのが大好き。先日も娘の友だちとその両親たちを招いて簡単なホームパーティを開きました。参加者は総勢二〇名。決して広くはない賃貸マンションのリビングに大人と子どもがあふれ、それはもう賑やかでしたが、喜んでもらえて楽しい時間でした。

また保育園のお迎えのとき、帰り道が一緒になったお友だち親子を「うちで夕食を一緒に食べていかない？」とお誘いすることもあります（ただしこれができるのは、昼間にサポーターさんが来てくれた日のみです。それ以外の日は、部屋はぐちゃぐちゃ、夕食もお粗末すぎてとてもとても……）。

✿お世話になった学童保育の土地を購入してしまった両親

このように、私が人が喜ぶことをするのが大好きなのは、「ひょっとして遺伝？」と思ったときもありました。

というのは、私の両親は人との関わりをとても大切にしているのです。たとえば、父は愛知県のある大学で教鞭をとっていますが、毎年、自分の講義を受ける学生総勢二〇〇～三〇〇人全員の名前をせっせと覚え、彼らとコミュニケーションをとっています。

母は、私が通った保育園の保育士さんと友人のような関係になり、今でもそのつき合いが続いています。

極めつけは、両親が、かつて私とふたりの弟が通った学童保育（親が共働きの小学生などを放課後に保育する施設）の土地を買い上げ、建物を建て直したこと。

私は小学校四年生から六年生までの三年間、ふたりの弟たちはそれぞれ六年間、その学童保育でお世話になりました。学童保育のありがたさを心の底から感じていた母は、末の弟が小学校を卒業してからも、その学童保育を気にかけ、キャンプやイベントに協力するなど、仲のよい関係を続けていました。

ところがこの学童保育が、数年前に存続の危機に陥ったのです。学童保育の建物が建っていた土地は借地でした。その土地のオーナーが、学童保育側に土地を買ってほしい、それができなければ退去してほしいと要求してきたのです。

毎月の土地の賃貸料を払うのでさえせいいっぱいな学童保育に、土地を購入する資金などあるはずがありません。当時、その学童保育には約四〇人の小学生が通っていました。退去となればイコール閉鎖となってしまいます。

それを聞いた両親は「ならば、うちが土地を買いましょう」と申し出たのです。そして両親は、資金をなんとかやりくりして土地を購入、ついでに古くなった建物も新しく建て直しました。

第三者には美談に聞こえるかもしれませんが、娘の私は「老後の資金は大丈夫なの?」と少々複雑な気持ちになりました。

「なんとかなるよ!」と笑う母ですが、きっと、学童保育のありがたみを心から感じ、自分を助けてくれた人には惜しみなく感謝の気持ちを表すという両親の生き方がそうさせたのでしょう。そして何より、学童保育の先生やそこに通う子どもとその親たちの喜ぶ顔が見たかったに違いありません。

✻低所得者向け食料配給を受け、スーパーでみじめな思い

自分の世話好きは遺伝かも、と思っていた私でしたが、留学を経験して、国籍や人種を問わずこれは社会的な本能なのだ、とわかりました。

アメリカでの貧乏留学生活に、少しでも役に立てばと、WIC（Women, Infants, and Children）という制度に登録しました。これは、妊娠中の女性、産後の授乳中の女性、五歳以下の乳幼児が受けられる食料配給制度です。家族の人数によって収入限度額が決まっていて、たとえば四人家族なら当時で年収四万二六四三ドル（当時で約四六〇万円）以下だと受けられます。

WICで配給されるのは、牛乳、チーズ、卵、ピーナッツバター、乾燥豆、豆の缶詰、ジュース、シリアル、くだもの、生野菜、冷凍野菜、野菜の缶詰、パン、トルティーヤ、ブラウン・ライス、豆腐など。さらに乳児には、粉ミルク、乳児用シリアル、ベビーフード。完全母乳の女性には、ツナ缶、鮭缶、オイルサーディンがつきます。

この制度では、これらの品々が直接配給されるわけではなく、引換券が渡されます。この引換券を持って自分でスーパーに行き、品物を選び、レジでお金の代わりに引換券を渡すのです。もちろん高価な商品は交換できず、たとえばシリアルならAメーカーのB商品かCメーカーのD商品などと対象商品が決まっています。

この制度を受けられるのはとてもありがたいことでしたが、このような施しを受けるのは初めての経験でした。

いちばんみじめだったのは、スーパーのレジに並ぶとき。

WICの券を使うためにレジに並ぶと、WICに慣れていないレジ打ちの店員さんが手間取って、私の後ろに長蛇の列ができます。店員さんは、私が選んだ商品がWICの対象商品かどうかをひとつひとつマニュアルと首っぴきで細かくチェックするのでとても時間がかかるのです。見下したような表情の店員さんと「このブランドはWICでは買えない」「いや、このWICのパンフレットには買えると書いてあった」などのやりとりを繰り返すこともしばしば。

店員さんに疑われているような気持ちになり、後ろに並んでいる人たちは「やれやれ」という顔をして別のレジに離れていき……。本当に情けない体験でした。

アメリカは格差の大きな社会です。このように格差社会を肌で感じているとき、大学院で社会疫学の授業を受けました。この授業の内容は、自分自身が置かれている状況と重なり、腑《ふ》に落ちるものがありました。日本で生活しているときには我が事として考えられなかった分野です。

社会疫学とは、社会的な要因が人の健康や病気にどのような影響を与えるのかを研究する学問です。

社会的な要因とは、所得、学歴、労働条件や質、ストレス、近隣・地域の人々との関わり方、環境など、その人が置かれている状況といいかえられるでしょう。人の健康は遺伝的な要因、疾病要因などに左右されるのと同時に、社会的な要因も大きく影響している、と社会疫学では考えるのです。

たとえばアメリカでは昼食にサラダバーを注文すると一〇〇〇円以上かかる場合がほとんどですが、ファストフードなら二五〇円程度で満腹感が得られます。その結果、貧困層が安くて栄養分の少ないジャンクフードや甘い飲み物をとり、肥満や生活習慣病になっていきます。

また、アメリカの同じ都市でも、もともとアメリカで生まれ育った人とイタリア移民の人とを比較するとイタリア移民の人たちのほうが寿命が長く、これは彼らのほうが同胞の結束がかたく、お互い助け合って生活しているからだろう、という研究結果があります。

この社会疫学を学んでいると、いかに社会制度が個人の健康に影響を与えるか、人が心もからだも健康であるためには、いかにしてまわりの人と良好な関係を築くかが重要と気づきました。

世話を焼いたり焼かれたり、心配したりされたり、助けたり助けられたりというつき合いを深めていく人間関係とは、注目すべき大事な資産なのだ、と。これが、最近有名になってきた「ソーシャルキャピタル（人間関係資本）」の原理です。

おそらく、人間はもともとこれを知っていたのでしょう。草食動物が群れをなして暮らしたほうが圧倒的に生存率が高くなることを本能的に知っているように、仲間をつくり、共に生きたほうが生き残れることを。周囲の人と絆《きずな》をつくり、助け合う人のほうが、社会では生きやすいということを。

「誰かの役に立ちたい」は本能の発露。こんな思いが湧いてきたら、素直にその本能に従ってみるといいかもしれません。

30 「ちんぷんかんぷん」でも、食らいつく

✽怒濤の勉強漬けの留学生活

保育園問題や賃貸マンションのトラブルなど、生活面で予想外のことが次々と起こり面食らいましたが、大学院での勉強のハードさも予想をはるかに超えるものでした。

よく、「アメリカの大学は入るのはたやすくても、出るのがむずかしい」といわれますが、実際に授業が始まってから、私はこの言葉を痛いほど思い知りました。

まず学生の意気込みが違います。そもそもまわりはエリート集団。さらに年間三〇〇万円から四〇〇万円の学費を払っているので、「一分たりともムダにしない」という雰囲気が漂っています。

そんななかで、当時の私には英語が流暢《りゅうちょう》に話せない、リスニング力も足りないという弱みがありました。だからといって、先生や他の学生が私のような留学生に配慮してゆっくりと話してくれる、ということはありません。

未知の分野ですから、授業に出ても、初めて聞く単語ばかりで内容はちんぷんかんぷん。先生が何を話しているのかさえ、ほとんどわかりませんでした。それでもとにかく、毎日授業に出なければ単位がもらえません。

授業では毎回大量の課題が出ます。「来週のこの時間までに、このテキストのここを読んでおくように」などと先生はサラッといいますが、指定された範囲が電話帳ほどの厚さであったりするのです。

宿題も演習問題だけでなく、小論文やレポートなど自分の考えを深めてまとめさせるような内容がほとんどでした。しかもテーマは、統計学的なものばかりでなく、性同一性障害、DV、インドの若年結婚、性差における偏見を増長するようなメディア報道など、社会的に幅広いものが多く含まれていました。

あるとき、「与えられたテーマについてレポート三枚にまとめるように」という課題が出たときがありました。私が「三枚」という単語を見事に聞き逃して三行だけ書いて提出すると、ティーチングアシスタント（講義の補佐役を務める上級生）が同情したような顔で正しい枚数を教えてくれました。そして「提出期限を過ぎても特別に受け付けてあげるから」と、ひと回りほど年下の先輩に配慮してもらったこともありました。

❇ 復習より予習に力を注ぐ

とにかくハードな留学生生活。大学の受験勉強以上に勉強したと自信をもっていえるほど、緊張感みなぎる一分一分を過ごしました。

私がなんとか授業に食らいついていくためにやったことのひとつが、できる限り予習をしっかりしていくことでした。

前述した、私が中学生のときに通っていたユニークな塾では、いつも先生が「復習より予習が大事」と口を酸っぱくしていっていました。

授業の内容を少し先取りして学習しておくと、授業を受けたときに「ああ、わかる、わかる！」と思える箇所が増える。すると授業がおもしろくなって自信がつく。

だから復習よりも予習が大事なんだよ、と。子どもたちが「学校の授業っておもしろい！　楽しい！」と思えるような工夫を教えてくれたのでしょう。

ハーバード大学院の授業の予習は、授業をおもしろくするというよりは、なんとかついていくためのものでした。

授業の最中、ひとつでも英単語につまずいたが最後、その時点からはまるで宇宙人のような気分。授業の流れに取り残され、先生の言葉は「○※△☆□～」としか聞こえず、まったくついていけなくなってしまうのです。そのため、課題をこなし、できるだけ予習して授業に臨みます。授業で使われるスライドや配布物が事前にアップされていて、これらは予習に大いに役立ちました。

もちろん復習も大事です。ハーバード公衆衛生大学院では、大学院のウェブサイトに授業の様子を撮ったビデオがアップされていて、学生があとから何度でも繰り返し見られるようになっていて助かりました。

✻ほめほめ作戦で、わからないところをなくす

厳しい授業についていくために私がやったもうひとつのことは、疑問が生じたら

すぐに聞くこと。

たとえば、先生がいった単語がどうしても聞き取れなかったときには、ノートの隅に「音としてはこんな感じだった」というものをアルファベットで書いておきます。そして授業が終わったときに、隣の席の人に聞いたり、先生のところへ飛んでいって「こんなふうに聞こえたのですが、なんといっていたのですか?」などと聞くのです。

勉強に限らず、仕事でもなんでもわからないこと、疑問に感じたことはすぐに人に聞いたり、調べるなどしないと、聞くチャンスを逃してしまいます。

そしてもっと大事な局面、たとえば会議で話題になったときや別の仕事で必要になったときなどに、「あのとき確認しておくのだった」と後悔することになるのです。

前述の、提出課題の「三枚」を聞き間違えて年下の先輩に同情された一件で、私は授業のなかでもとくに課題やテストについては注意深く確認するようになりました。

毎回 "Has instructor mentioned something about assignment?"(先生は課題に

ついて何かいっていた?)と、周囲の学生たちに、しつこいくらい聞くようになりました。

実に過酷な、勉強漬けの毎日でしたが、**私の「学習欲」を支えてくれたものに、アメリカならではの「大げさにほめる」という気風があります。**このおかげで、モチベーションがキープできました。

たとえば私が授業中に、話題となっていたリーダーシップについて、五分間のスピーチをしたときのことでした。私は心のなかで「こんなたどたどしい英語で恥ずかしい。こんな内容でよかったのだろうか」と自信なく先生のほうをチラッと見ました。

すると先生は、"Your point of view is fabulous!"(君の視点はすばらしいね!!)とほめてくれたのです。

「fabulous」とは、「good」などよりもはるかにレベルの高い、まさに「信じられないほどすばらしい!」という意味合い。最大限の賛辞の言葉に、私は思わずひっくり返りそうになりました。

また、セミナーなどでは基本的な質問をしただけなのに、"Thank you for bringing up such an excellent question!"（すばらしい質問をしてくれてありがとう！）とほめてくれるのです。答えを聞く前に自分の質問をほめられると、それだけで何か貢献したような気持ちになりました。

わからないところを質問しただけで、ほめられるなんて！　私は驚きと共に、どんどん気分がよくなりました。

とくに授業中はわからないことだらけだったので、授業後にクラスメイトに質問し、教えてもらっては「ありがとう！　あなたのおかげで私は本当に助かった！　あなたは教えるのが本当に上手ね！」と（少々オーバーなほど）相手をほめ、それに気をよくした相手にまた教えてもらってはまたほめ、を繰り返し、わからないところをどんどんクリアしていきました。

こうして先生が話していることがよくわからなくても、とにかく授業に出席し、そこで体験したことを、失敗も成功もすべて身につけていく。それを繰り返しているうちに、だんだん授業の内容も理解できるようになっていきました。

前章で、「加速をつけよう」という話をしましたが、留学中の勉強も、まさに動的な加速度そのものでした。

目の前のものにとにかく食らいついて、手足を動かして、実際に体験しながら学んでいくほうが、ずっと効率的に学んでいける。私はここでもそれをからだで知ったのです。

31

呪文の言葉で自分に魔法をかける

❊"I want to listen to your talk." といわれて嫌な人はいない

もうひとつ、ハーバードで教えてもらった、私の人生において大きな影響を与える言葉が、"I want to listen to your talk." です。

私はとにかく、人に会うのが好きなのだなぁと、我ながら思うことがあります。

たとえば本を読んで、ああこの著者の考え方に共感できるな、素敵だな、お会いしてもっとお話を聞いてみたいなと思ったら、実際に会う努力をします。

その著者の講演やセミナーに足を運ぶこともありますが、直接「お会いしてお話を聞かせていただけませんか」と手紙を書いてお願いする場合も少なくありません。

医師の先輩方だけでなく、自分の専門分野以外の方でも果敢にチャレンジ。仕事仲間などに「○○さんにお会いしたいのですが、連絡をとる方法を知っていますか？」などと聞いてみます。すると案外、その仲間が連絡先を知っていたり、その仲間の知り合いがつながっているなどして、連絡先を教えてもらうことができるのです。

初めてご本人に直接連絡するときは少し緊張しますが、実際にお会いしたあとには「勇気を出して連絡してみてよかった～！」と思う場合がほとんどです。

とはいえ、自分の気になる人に「会ってください」とお願いするのはちょっと躊《ちゅう》躇《ちょ》する、という方もいるでしょう。

私が果敢に、ときにはずうずうしくお願いできるのは、ハーバード大学院で、ある先生が話してくれた言葉が印象に残っているからだと思います。

それはリーダーシップについての授業を受けたときのこと。医者であり、自治体の職員でもあり、幅広く医療保健分野の仕事をしている女性が、ゲスト講師としてやってきました。当時の私にとっては、将来のロールモデルとなるような素敵な女性でした。この方のスピーチがとてもおもしろかったのです。

授業のあと、スピーチを聞いた仲間と感想を述べ合っていました。

「あの話は興味深かったよね」「彼女、みんなの前で話すのが楽しくてたまらない、という感じだったよ」などと。

すると担当の先生がいったのです。

「そうなんだよ。学生の君たちに話をするのはとても楽しいんだよ。誰かに、"I want to listen to your talk."（あなたの話を聞きたい）といわれて嫌な気分になる人はいない。とても喜ばしいことなんだ。だから気になる人がいたら、自分からこういって会いに行くといいよ」

そうかぁと納得しつつも、当時は英語という壁もあり、積極的に実行できませんでした。この言葉が効いてきたのは、むしろ留学後。「勇気を出して会いに行ってよかった！」という成功体験も重なって、どんどん人に会うようになりました。

講演に行って「この人の話をもっと聞きたい」と思ったらすかさず名刺交換してメール。友人から「こんなおもしろい人がいるよ」と聞いて「ぜひ会ってみたい」と思ったら、すぐに「紹介して」と頼みます。

といっても、毎回必ずこちらの望みがかなうとは限りません。メールを出しても一向に返事がない場合もありました。むしろ返事がないほうが多かったかもしれません。一〇回チャレンジして、実際にお会いできるところまでいくのは二、三回といったところでしょうか。

たとえ返事がこなくてもめげません。「それならご縁がなかったということ。さぁ、次！」と自分にいい聞かせて、また別のチャンスを狙うのです。

✽「親も発展途上。だから、勉強しているのよ」

さて、このように大学院にいる間は、もう「いっぱいいっぱい」。授業がない時間は、すべて課題と予習、そして復習にあてました。

子どもたちを保育園にお迎えに行ったあとの夕方以降と土日は、基本的に子どもにかかりっきりです。しかしときにはどうしても課題が終わらず、子どもたちが絵本を読んでいる隙にササッとパソコンを開くときもありました。

子どもの前ではすばらしい人間でありたいと思う親は多いでしょう。

しかし実際は違います。**親だってまだまだ発展途上。完璧な人間ではありません。**

完璧でないから、少しでも成長しようと、勉強したり、仕事に打ち込んだりと、日々努力するのです。

私はそれを、自分の姿で子どもたちに伝えたいと思いました。「お母さんはね、向上していくのが好きなの。だからこうやって一生懸命勉強しているの」と。

子どもには言葉ではなく姿勢からのほうが伝わることが多いものです。宿題に四苦八苦し髪を振り乱して勉強する私の背中に、何かを感じてくれたらと思っていました。

考えてみれば、これは何も母親だけにいえることではありません。

人はみな、発展途上。夫はもちろん、友だち、同僚、上司、先輩、そして会社の社長だって、みんな発展途上。そう思えば、誰かの失敗や間違いをどこかで許せるし、少し優しい気持ちになれるような気がするのです。

32

「ハーバード流交渉術」で「エレガントかつ明確に」主張する

✻「緊急！」メールに書かれた「卒業できません」の文字

さまざまな試練を乗り越え、奮闘した留学生活もいよいよ終わりに近づきました。卒業式を一週間後に控えた五月中旬。すべての試験を終えて、成績表を確認し、「これでやっと約二年間のガリ勉生活が終わる」と安堵《あんど》していました。

卒業証書を入れる額と、卒業式に卒業生が着るガウンと角帽を注文。卒業式の責任者から「卒業式のときに正確に名前を発音したいから、留守番電話に自分の名前の読み方を吹き込んでおくように」という通知も受け取り、「ああ、いよいよ卒業か」と感慨深い思いでした。

何度もいうようですが、この二年間はとにかく節約、節約、「一円たりともムダにしないぞ」という気持ちで切り詰めた生活をしていたので、せっかくのアメリカ生活でも、休日は観光旅行もせず近場の公園などで過ごしていました。

しかし、そんな留学生活も間もなく終わり。最後はちょっと奮発しようと、カナダのケベック州へ家族旅行に行きました。

課題に追われることもなく、のんびりとした気分で、家族水入らずのひとときを満喫していた三日目の午後のこと。

三日ぶりにパソコンを開いてメールをチェックすると、前日の金曜日付けで大学院の事務担当者から「URGENT（緊急）」というタイトルのメールが届いていました。

「ん？　緊急？」と思いつつ開いてみると、思いがけない言葉が。

なんと**「あなたは卒業単位が足りないため、残念ながら卒業できません」**と書いてあったのです。

顔からサッと血の気が引き、思わず大声を上げてしまいました。

よく読むと、私が申請した単位が学務課のシステムに間違った形で登録され、卒業単位としてカウントできない、というのです。

しかし、これまで一度もそのことを指摘されたことはなく、最新の成績表も卒業の条件を満たす四二・五単位が記載されていました。

事務担当者からのこのメールは、私のアドバイザー役の教授にも送られていましたが、彼女は事務担当者への返信で「こんなミスに今頃気づくなんて聞いたことがない！」と激怒していました。

週末を控えた金曜日だったため、彼女はすぐに学生課の担当者に電話をして聞いてみてくれたそうです。そこで、その日（金曜日）が単位調整の締め切り日だということが判明し、さらに激昂した彼女はその後、「こんなに融通のきかない話は聞いたことがない。ホナミ、あなたはこのことを知っていたの？」というメールを私に送っていました。

アドバイザーのメールに対する事務担当者の返信は、「最終的な責任は、確認しなかったホナミにあるので、不足分の二・五単位を追加で受講して、この五月ではなく秋に卒業するしかない」というものでした。非常に儀礼的でとりつく島もありません。

私は頭を抱えました。私がメールを開いた土曜日の時点で、単位調整の締め切り日はすでに過ぎているではありませんか。

夫は、日本での職場復帰の都合上、八月には必ず帰国しなければなりませんでした。家族のビザの延長はできないし、私も卒業後の助成金やポジション、生活面の整備をすでに始めていました。

ここで卒業できなかったらどうすればいいのか。夫と子どもたちだけ先に帰国して、私だけアメリカに残る？　いや、そんなことできるはずがない。

頭を抱えている私に、夫が楽観的にいったのです。

「最後の学期に授業を受けた先生に話してみなよ。きっとなんとかなるよ！」

「なんとかなる」か……。**うん、そうだよね、これまでだってなんとか「道」を見つけてきたじゃないの。**

そしてあるアイデアがひらめいたのです。

そうだ！　今こそ「あれ」を実践するときだ！

✲相手の非を責めず、信頼を示し、助力をあおぐ

実は、大学院では頻繁に「negotiation（交渉術）」のセミナーが開催されていました。就職活動や給料交渉、NPO法人における資金獲得など、さまざまなケースが設定され、そのケースに応じた効果的な交渉術が紹介されていました。

どのケースでも、**「とにかく上品に、しかし要求は明確に」**が基本です。めずらしさも手伝って、日本にはないこのセミナーに私は何度か足を運んでいました。

あのセミナーで習ったハーバード流交渉術をフルに活用して、事務担当の人と交渉しよう、と思ったのです。

まずは、**ハーバード流交渉術のポイントその①「決して相手の非を責めないこと」**を使って、事務担当者とアドバイザーにメールを送りました。

返信が遅れたことをお詫《わ》びしたうえで、このような文章を綴《つづ》りました。

「今回の事態は私も非常に驚いており、どうしてこのようなことになったのかわからない。お手数をおかけして申し訳ない。しかし、これまで単位登録のスタッフの

方には大変お世話になってきて、とても感謝している。窮地に陥っている私に、必ずや力を貸してもらえると信じている」

単位登録の際、事務担当者のスタッフに何度も確認しましたし、事務のトップの方にもアポイントメントをとり、ふたりで授業の単位数を確認し、了承のサインをもらっていました。つまり、「あなたたちにも責任はあると思います」というのが本音でしたが、これまでの経緯についてはひと言も書きませんでした。

続いて、最後の学期で講義を受けた先生方数人にメールを送りました。

現状を簡潔に説明し、「受講した単位が登録されておらず、卒業できないといわれ大変困っている。先生の了承と推薦があれば、追加で単位取得を認めてもらえるかもしれない」と訴えました。

このメールは事務担当者にもccで送りますが、ここでももちろん「最終的な責任は自分にある」という態度を貫き、事務担当者のミスだなどとは書きませんでした。

運よく、カナダから早朝五時に送ったメールに間もなく反応がありました。朝八時半に講師のひとりから「彼女の期末試験の成績を確認したが、十分合格水準に達している、彼女に必要な単位を取得させることを強く支持します」という返信が、私と事務担当者、アドバイザー宛に届いたのです。

光が見えた気がしました。

しかしここで手を緩めることなく、**ハーバード流交渉術その②「相手に信頼を示し、助力をあおぐ」**を使い、事務担当者とアドバイザーにメールを送りました。「今、私がここにいられるのはみなさんのサポートのおかげ。事務スタッフの働きを疑ったことはない。今回もきっと力になってくれるだろうと信じている」と。

そして**ハーバード流交渉術ポイントその③「自分を商品としてアピールする」**と、**その④「双方共通の利益を強調する」**を使って、「私を卒業させてもらえれば、必ずや今後の公衆衛生分野に貢献できます」などと書き、事務担当者からの返事を待ちました。

これでは旅行どころじゃない、すぐに旅行を切り上げてボストンに戻ろうかとも思いましたが、戻ったところで「待つ」こと以外にできることはありません。

それよりは、子どもたちが楽しみにしていた自然のなかでの生活を楽しもう、そう腹をくくって旅行を続けました。

長い長い二日間が過ぎ、日曜日の夜になってようやく事務方のトップを務める女性からメールがきました。

「ホナミからは今まで何度もいたわりの言葉をかけてもらったのを覚えている。卒業間際であのようなメールを送ることは心が張り裂ける思いだった。しかし、講師に連絡をとってもらえたおかげで、私たちは単位数変更のための事務処理を進めることができる。月曜日の午前中には手続きの結果を知らせるので、それまで待ってほしい」とありました。

ここがアメリカらしいところで、自分たちのミスを謝る言葉はひとつもありません。**しかし、それでいいのです。望む結果を手に入れられたのですから。**

まさか最後にこんな試練が待っているとは思いもよりませんでした。私にとっては、最後の「卒業試験」だったような気もします。

こうして迎えた卒業式は、私にとって大きな意味をもつ、感慨深いハレの日となりました。

33

自転車は走り続けるから倒れない

✻胸に突き刺さった"Make a difference!"という言葉

この留学生活の後半に妊娠し、大学院を卒業して帰国する直前に、四女を出産しました。帰国したあとは、東京で四人の娘たちを育てながら研究にいそしんでいます。

帰国して数カ月後に、あの東日本大震災が起きました。いても立ってもいられず、宮城県石巻市へボランティア活動に行きました。

また、医療の現場でも役立つに違いないとコーチングの勉強も始めました。子どもたちを置いて家を空けられないため、石巻市でのボランティア活動は、現地に一泊か二泊して東京に戻り、またしばらくしたら東京から現地に向かうというやり方をしていました。その際、鞄《かばん》のなかにコーチングのテキストを忍ばせていき、往復時などに勉強したこともありました。

このように、私の生活は相変わらず「同時並行」。留学前と同じ、やりたいことはとにかく全部やろうという気持ちで、複数のことを同時に進めています。

留学前とは変わったこともあります。

留学前の私は、どちらかというと周囲から認められたいという気持ちを強くもっていました。もちろん、産婦人科医として、妊産婦さんたちの役に立ちたい、新しい命の誕生をサポートしたい、女性特有の病気に悩む患者さんたちの力になりたいと考えていましたが、そうすることで最終的には「自分がすばらしい仕事をしている」と思われたかったのです。

そんな私に、ハーバードの教授たちがよくいっていた言葉は心に刺さるものがありました。

「君たちは世界のリーダーになる人材だ！　社会を変えろ！」

折に触れて教授たちが口にする"Make a difference!"という言葉には、改めて考えさせられました。

私はいったいなんのためにここで勉強しているのだろう？

ハーバード公衆衛生大学院卒業という勲章が欲しいから？

「すごいね」と認められたいから？

知識やスキルを得たいから？

ううん、どれも違う。社会を進歩させるためだ。今、私たちが暮らしているこの社会を、今より少しでもよい方向に変えるため。そのために私は勉強している。

留学生活で苦労し、助けられたことで、自分が認められるためでなく、他人のため、社会のために貢献したいと思うようになりました。そう思うと、自分が、自分が、と考えているときよりも気持ちがずっとラクになることに気づきました。

そして、自分がこの世を去るときには、今より少しでもよい世界になっていてほしい。そのために力を尽くしたい。具体的には、産婦人科医として「親と子どもを幸せにしたい」というビジョンが明確になりました。

もちろん産婦人科医の力だけでは親と子どもを守れません。小児科医、助産師さん、保健師さんをはじめとした保健医療関係者や地域の方々、とくに災害時などは行政、消防、警察、自治体の方、当事者の方などの力も不可欠です。このような各方面の方々の力を最大限に引き出せるような社会システムを構築したい、と考えています。

✽忙しいから、時間がないから、前に進める！

そのために日々奮闘中ですが、毎日の生活は相変わらず「バタバタ」です。

四人の娘のうち長女と次女は小学校に通うようになりました。下のふたりはまだ保育園児です。終業時刻になるとダッシュで職場を出て保育園にお迎えに行きます。

上のふたりの子どもが帰ってきて四人そろうとサポーターさんが作ってくれたおいしい料理を食べさせ、私はその間に洗濯機を回し、連絡帳をチェックするなど毎日の子育てに追われます。保育園の準備をしながら、「あっ、明日の資料をまだつくっていなかった！」などと思い出し冷や汗。すると誰かが元気に「おかわり〜！」。「はい、はーい」とキッチンに向かいます。

常に全速力で自転車をこいでいるような気分で、子どもたちが就寝する頃には私もヘトヘト。絵本を読み聞かせながらウトウトしてしまい、「もっと読んで！」と子どもたちに起こされることも少なくありません。

でも、自転車は止まったら倒れてしまいます。

走り続けているからこそ倒れません。

私も同じ。いつも走っているからこそ、いろいろな意味で倒れず元気でいられるのだと思います。

忙しいからこそ、悩まずに進めるのだと思います。

毎日本当に時間がない。忙しい。でもだからこそ、私は前に進むことができる。

越えられないような壁が行く手に立ちはだかったとしても、こちらが熱意をもって壁を叩《たた》き続ければ、実は壁だと思っていたところに扉が見つかる。

そう信じて、今日も私は走り続けています。

エピローグ

原稿に向かいながら、私は、たくさんの、お世話になった方々の顔を思い浮かべていました。また、読んでくださるのはどんな人だろう、読んでくださる人の話が聞きたいな、と思いながらの日々でした。

私が体験したことは、すべて、あなたの気持ちを引き出す呼び水、たたき台です。人間関係も、仕事も、キャリアも、先の見通しも、家族も、すべては「対自分」の出来事。自分との対話で進んでいきます。あなたが、私の実体験を通じて、たとえば、

「ひゃあ～こんなに大変なら、アメリカ留学なんてしないほうがいいなぁ」

と思ったとしたら、それはあなたがどんな人生を歩みたいかのヒントになります。

「私も人にもっと力を借りられればいいな、よし、この言葉を使ってみよう」

と思ったとしたら、あなたがひとりでは抱えきれないことに直面していて、解決

するために奮闘している、ということです。

そんなふうに、この本を、自分がどう感じたのか、これからどんな自分になりたいのか、という、「自分の本音」を明らかにする試験紙にしてほしいのです。

私は今まで、「この人すごいな！」と思った人から、子育てと仕事の両立についていろいろなアドバイスをいただいてきましたが、「みんなそうやって子育てしてきたのよ」「そのくらいできて当然」といわれたり、ときに「昔は今よりもっと大変だった」と苦労自慢を聞かされたり。「もう誰にも相談しないでひとりでがんばろう」としょげかえって、悲壮感にあふれてしまうようなこともありました。

そんななか、私が大いに勇気づけられたのは、目の前の人がどれだけ奮闘し、悩み、手探りで迷いながらも進んできたか、という話でした。

そうか、完璧に見えるこの人にも、こんな苦労があったのか。人知れず努力されていたのか。生身の経験談に触れるたび、心を突き動かされ、「私もきっとできる」「やってみよう！」そう思いを新たにしながら、試行錯誤の日々を歩んできました。

だから、この本では私も、自分の失敗談、どう苦境を乗り越えたか、どう想定外の状況に対応したか、「本当に考えなしだねぇ」といわれながらも、どうやってまわりの人の力を借りてマイナスをプラスに変えたか、ということをお伝えしたい、そう思いながら筆を進めました。読んでくださったあなたに、それが伝わることを祈るばかりです。

ハーバードから帰国し、講演に呼ばれ始めるようになった頃、講演後のアンケートには「雲の上のような人だと思った」「吉田先生のように恵まれた人でなければ子育てしながら留学なんてできない」などのコメントが並び、あぁ、私はまだまだ自分をさらけ出していないな、と反省することがたびたびありました。

スーパーウーマンなんかではなく、できないことが多いからこそ、他の人に助けられながら、自転車操業のような毎日をなんとか走り続けている。そんなメッセージを、リアルな失敗談やピンチ脱出の話を通してお伝えするうち、ようやく最近、講演を聞いてくださった方から「自分でもできそうだと思った」「吉田先生がいわれるのなら、やってみようと思った」といっていただくことが増えてきました。

私のすったもんだの経験が、誰かの人生に応用できるヒントになっているのかな、そううれしく思いながら、毎回いろいろな方との出会いを楽しんでいます。

現在、三歳から八歳まで四人の子どもを育てながら、もうすぐ五人目の子を出産する予定です。

子どもが増えると、子ども同士で育ち合うので、どんどん親の手がかからなくなります。家族が増えるたびに、にぎやかになり、新しい個性やユニークなキャラクターが加わって、ますます楽しくなります。

それと同じように、自分がやりたいことも、二つ、三つと同時並行で進めることで、違うこと同士が響き合い、補い合い、視野を広げてくれます。そして何より、対応する自分自身に力がつき、ある面では「悟り」を開き、またある面では「図太く」パワーアップしていくのがわかります。

読者のみなさんが、それぞれの状況下で、いろんな制約、困難、ピンチを全部まるごと前に進む力に変えて、やりたいことをやりきる人生を送るために、本書が何かのお役に立てば、これほどの喜びはありません。

最後になりましたが、今まで自分を引き上げ、支えてくれた感染症内科医の夫・吉田敦、四人の娘たち、夫婦それぞれの両親、子どもを通じてフランクフルト、ロンドン、日本、ボストンで知り合ったたくさんのママ友達、活発なディスカッションで私を刺激してくれる友人たち、ハーバード留学やコーチング、ブログ制作、政策研究、被災地支援や母子救護所プロジェクトでご一緒した方々、日々の生活を助けてくださるサポーターのみなさん、講演に足を運んでくださったみなさん、そして私をここまで育て、励まし、見守ってくださった恩師やメンターの方々に、心からのお礼を申し上げます。

二〇一三年七月吉日

吉田穂波

文庫版あとがき

一〇年ほど前に出版された本書が、今も変わらず人々に必要とされ、読み継がれ、このたび文庫化される運びとなりました。この本を世に出してくださったサンマーク出版の担当編集者である橋口英恵さん、文庫化にあたり尽力してくださったプロデューサーの新井一哉さん、この本を読み、何かを受け取ってくださった方、お住いのマンション中に回覧してくださった方、子育て仲間に勧めてくださった方、参考にし、行動に移してくださった方には、どれほど感謝してもしつくせません。

単行本刊行時の反響は、「これまでなかった女性のキャリア指南書」「四人の子持ち女性医師だからこそ書けた内容」等々、「ちょっと変わった毛色の本」という感想が多かったように思います。今ほど共働き家庭が多くなかった当時、「アウトソーシング」や「母親の家事・育児のハードルを下げること」について書くのは勇気が要りましたが、二〇二二年の今、当時の私と同じ三〇代の子育て世代が、オンラインツールや時短グッズの賢い利用者となり、情報収集も進み、子育ても仕事も自分の人生も充実していてあたりまえ、と思っていることに大きな変化を感じます。

それでは、この本はもう必要なくなったのかと思ったら、そうではないことが、今回、文庫化のお話をいただいてわかりました。私自身、子どもが一七歳から二歳までの、合わせて六人に増え、研究者、教員、医師、行政官と四足のわらじを履くようになり、初版が出た当時よりも役割と仕事が増え、ますます時間が貴重になりました。また、当時、体力勝負でエイヤッとなんとか連れて歩いていた四人の子どもたちそれぞれがティーンエイジャーとなり、子どもに向き合う内容が知的・精神的なものに変わりました。情報システムや子育てツール、仕事の価値観等が多様化し、自分で選び決めることがむずかしくなってきた今、そして長期化するコロナ禍でますます「受援力」が大切になってきた今こそ、みなさんのために本書がお役に立てるのではないかと思います。

時代が大きく変わる中、私の中で今も変わらないのは、「次の世代が、それぞれの強みを生かし、自分を肯定し、生きがいを感じられる世の中にしたい」という思いです。私が多くの人に手を差し伸べてもらってここまで来られたことに感謝しつつ、自分が受けた恩恵を、若い世代がふんだんに受けられるようにしたい。すべての人が自分のしていることに意義を見出し、仲間と共感し合い、肯定し合い、存在価値を認められ、受け入れられる状態で日々生活できたら……。子どもたちがそんな大人の姿を見て、必要なときは頼り、自分にとって居心地の良い場所を見つけながら成長していくような良い循環が回っていけば……。そのために必要な仕事をし、ご縁をつなぐことが自分のモチベーションの原点です。

みなさんが、今後やってみたいな、と思うことは何ですか？

みなさんが、こうありたい、と思う状態はどんなものですか？

みなさんが、居心地のいい場所や空間はどこにありますか？　仲間はいますか？

本書が、読者のみなさんの思いを加速させ、ひとりひとりの生き方を後押しする力強い味方になりますように。

この文庫を手に取ってくださり、本当にありがとうございました。

二〇二二年五月吉日

吉田穂波

本書は二〇一三年八月に小社より出版された同名タイトルの単行本を加筆修正し、文庫化したものです。

サンマーク
文庫

「時間がない」から、なんでもできる！

2022年7月1日　初版印刷
2022年7月10日　初版発行

著者　吉田穂波
発行人　植木宣隆
発行所　株式会社サンマーク出版
東京都新宿区高田馬場2-16-11
電話03-5272-3166

フォーマットデザイン　重原 隆
本文DTP　山中 央
印刷・製本　共同印刷株式会社

落丁・乱丁本はお取り替えいたします。
定価はカバーに表示してあります。

ISBN978-4-7631-6134-5　C0130

ホームページ　https://www.sunmark.co.jp